Texte lesen – Texte verstehen 5

Herausgegeben von	Wolfgang Menzel
Erarbeitet von	Roland Henke
	Harald Herzog
	Wolfgang Menzel
	Regina Nußbaum
	Günter Rudolph
	Ursula Sassen
Illustriert von	Konrad Eyferth

westermann

Liebe Schülerinnen und Schüler,

das Lesen gehört zu dem Wichtigsten, was man in der Schule lernen muss.
Wer nicht gut lesen kann, versteht die Texte im Deutschunterricht nicht,
ja, er kann auch die Aufgaben im Mathe- oder Erdkundebuch nicht richtig verstehen. Lesen
muss man also immer wieder üben!

Damit ihr das Lesen und das Verstehen von Texten trainieren könnt,
haben wir dieses Arbeitsheft gemacht.
Ihr könnt darin selbstständig üben
und eure Ergebnisse mit dem Lösungsteil selbst vergleichen.
Ihr könnt aber auch mit anderen zusammenarbeiten
und eure Lösungen vergleichen, miteinander sprechen
und immer wieder auch anderen etwas vorlesen.
Das alles kostet manchmal einige Mühe – wie alles Üben,
aber es macht auch Spaß! !!!

Für das Training im Sport braucht man die richtigen Geräte. So ist es auch hier.
Ihr müsst nämlich oft etwas unterstreichen oder markieren.
Dazu braucht ihr zuerst einmal Bleistift und Radiergummi,
damit ihr etwas vorsichtig anstreichen und wieder ausradieren könnt.
Und dann braucht ihr Textmarker in zwei, drei verschiedenen Farben
oder Buntstifte, mit denen ihr etwas markieren oder unterstreichen könnt.

Wenn ihr unsicher seid, ob ihr eine Aufgabe richtig gelöst habt,
dann könnt ihr auf den letzten Seiten nachschauen.
Aber denkt daran: Wer das schon vorher tut, der lernt nichts dazu!
Also schaut erst nach, nachdem ihr eure Aufgaben gelöst habt.
Manche Fremdwörter, die ihr vielleicht noch nicht kennt,
könnt ihr aber immer gleich nachschlagen.

Und nun wünschen wir euch, dass ihr euch beim Üben
wirklich ein bisschen anstrengt und viel Vergnügen dabei habt!

© 2003 Bildungshaus Schulbuchverlage Westermann Schroedel Diesterweg Schöningh Winklers GmbH,
Georg-Westermann-Allee 66, 38104 Braunschweig
service@westermann.de, www.westermann.de

Druck A[14] / Jahr 2025
Alle Drucke der Serie A sind im Unterricht parallel verwendbar.

Die Seiten dieses Produkts bestehen zu 100 % aus Altpapier.

Damit tragen wir dazu bei, dass Wald geschützt wird, Ressourcen geschont werden und der Einsatz von Chemikalien reduziert wird. Die Produktion eines Klassensatzes
unserer Arbeitshefte aus reinem Altpapier spart durchschnittlich 12 Kilogramm Holz und 178 Liter Wasser, sie vermeidet 7 Kilogramm Abfall und reduziert den Ausstoß von
Kohlendioxid im Vergleich zu einem Klassensatz aus Frischfaserpapier. Unser Recyclingpapier ist nach den Richtlinien des Blauen Engels zertifiziert.

Redaktion: Regina Nußbaum
Typographisches Konzept: Sandra Grünberg, Thomas Schröder
Layout und Herstellung: Sandra Grünberg
Druck und Bindung: Westermann Druck GmbH, Georg-Westermann-Allee 66, 38104 Braunschweig

ISBN 978-3-14-123065-9

Inhalt

Ein Test

Wir wollen die Übungen in diesem Heft mit einem kleinen Test
zum sorgfältigen und genauen Lesen beginnen.
Halte deshalb bitte folgende Regeln ein:

- Sprich ab jetzt bitte nicht mehr!
- Stelle auch keine Fragen mehr, denn alles Wichtige
  steht auf diesem Blatt.
- Verhalte dich so lange still, bis alle fertig sind.

Arbeitsanweisungen

1. Lies langsam und sorgfältig.

2. Lies zuerst alle folgenden Arbeitsanweisungen, bevor du irgendetwas tust.

3. Schreibe deinen Namen in die linke obere Ecke des Blattes.

4. In die rechte obere Ecke schreibe bitte das Datum des heutigen Tages.

5. Markiere in Satz 2 die Wörter „Lies", „alle" und „bevor".

6. Unterstreiche den Satz 1 mit einem dicken Strich.

7. Zeichne hinter Satz 2 ein Dreieck.

8. Male in das Dreieck ein dickes Ausrufezeichen.

9. Zeichne hinter Satz 1 einen Kreis.

10. Male in den Kreis ein Ausrufezeichen.

11. Verbinde den Kreis und das Dreieck mit einem Strich.

12. Unterschreibe jetzt dieses Blatt in der rechten unteren Ecke mit deinem Namen.

13. Hebe deinen Arm und rufe: „Fertig!"

14. Steh auf, geh um deinen Stuhl und setz dich wieder hin.

15. Lies jetzt noch einmal Satz 2 durch. Folge dann nur der Anweisung
    von Aufgabe 3. Solltest du allerdings schon einen Namen stehen haben,
    hast du diesen Test leider nicht bestanden. Weißt du auch warum?

Lauter Lügen

Finster war's,
der Mond schien helle,
als ein Dampfschiff blitzeschnelle
über eine Wiese fuhr.

Auf der Wiese sangen Rosen,
Bäume spielten schön Klavier,
Schmetterlinge sah man boxen,
weiße Schwäne tranken Bier.

DACKEL FLOGEN DURCH DIE LÜFTE,
bunte Kühe liefen Ski.
Eisenbahnen aßen Grießbrei,
Katzen sangen tirili.

Auf den Bergen wohnten Fische,
Häuser fuhren auf dem See,
WENN DAS NICHT GELOGEN IST,
fällt im Sommer Schnee.

1 Welche Zeile war für dich besonders schwer zu lesen?
Schreibe sie hier auf:

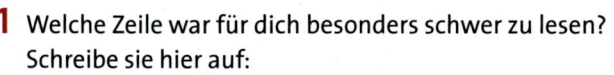

_____

2 Welche Lüge gefällt dir am besten?
Schreibe sie hier auf und male ein Bild rechts dazu.

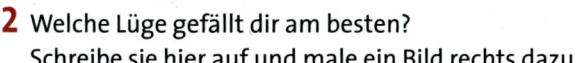

_____

3 Übe das Gedicht mehrmals laut, bis du es flüssig vorlesen kannst.
Suche dir dann einen Zuhörer.

4 Vielleicht hast du ja auch Lust dazu, am Computer einen Text
mit vielen unterschiedlichen Schriften zu schreiben.

Lesen mit Gefühl

Der folgende Vers ist ein sogenannter „Unsinnvers".
Aber so ganz und gar unsinnig ist er nun auch wieder nicht!
Wenn du ihn auf verschiedene Weise liest, können deine Zuhörer
vielleicht doch erkennen, worum es geht.

1 Lies dir den folgenden Unsinnvers zuerst einmal leise durch.

Unsinnvers

Wönn in mir die Kruse knorkt,
muss ich schmüsen, muss ich wäxen.
Wönn in mir die Blüse workt,
muss ich ümmer wieder bläxen.

Murk den Flommer!
Schlurk den Plöx!
Haste wax –
ich gork dich wöx!

2 Lies den Vers jetzt so, als wäre es ein Gedicht über einen **Schnupfen**.
Dabei musst du so sprechen, als sei deine Nase verstopft.
Du kannst dir auch die Nase zuhalten und dabei sprechen.
Vor allem aber musst du zum Ausdruck bringen,
dass du ganz furchtbar leidest.
Und das musst du richtig übertreiben.

3 Du kannst das Ganze aber auch als **Schimpfgedicht**,
Witzgedicht oder als **Gruselgedicht** lesen.

4 Natürlich ist es aber auch möglich, **ein Gedicht
zum Weinen** (mit ganz trauriger Stimme) oder ein
furchtbar langweiliges Gedicht daraus zu machen.

5 Übe zu Hause ein oder zwei dieser Möglichkeiten ein.
In der Schule liest du sie den anderen vor.
Und die müssen dann raten, was gemeint ist.

Kleine Betonungsübung

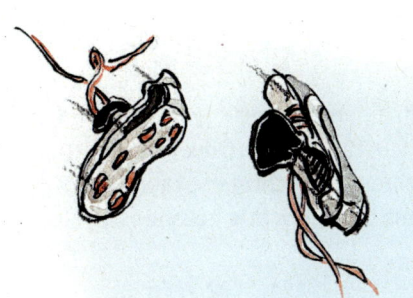

1 Die folgenden Sätze sehen alle gleich aus.
Doch es werden immer andere Wörter in ihnen betont.
Übe das einmal.

1) Ich gehe jetzt nach <u>Hause</u>.
2) Ich gehe <u>jetzt</u> nach Hause.
3) Ich <u>gehe</u> jetzt nach Hause.
4) <u>Ich</u> gehe jetzt nach Hause.

2 Macht jetzt gemeinsam ein Spiel daraus:
Du liest zum Beispiel einen der Sätze deutlich vor.
Die anderen müssen erraten, welchen Satz du gelesen hast.
Wenn die meisten nicht richtig geraten haben,
dann hast du wahrscheinlich falsch betont.
Du musst also so lange probieren,
bis die anderen richtig geraten haben.

3 Spielt dieses Spiel auch mit den folgenden Sätzen durch:

1) Mich kann keiner <u>belügen</u>.
2) Mich kann <u>keiner</u> belügen.
3) Mich <u>kann</u> keiner belügen.
4) <u>Mich</u> kann <u>keiner</u> belügen.

5) Ich bin in unserer Mannschaft der <u>Beste</u>.
6) Ich bin in <u>unserer</u> Mannschaft der Beste.
7) <u>Ich</u> bin in unserer Mannschaft der Beste.
8) Ich bin in unserer <u>Mannschaft</u> der Beste.

4 Und jetzt wird das Spiel etwas komplizierter.
Du musst nämlich in den folgenden Sätzen selbst
ein Wort unterstreichen, das du betonen möchtest.
Dann liest du den Satz vor, und die anderen müssen erraten,
welches Wort du unterstrichen hast.
In dem ersten Satz könntest du also die Wörter *Morgen, besuche,
ich, dich* oder *vielleicht* unterstreichen. Aber jeweils natürlich
nur eins von ihnen! Damit du das mehrere Male machen kannst,
haben wir den Satz auch mehrere Male abgedruckt.

Morgen besuche ich dich vielleicht.

Morgen besuche ich dich vielleicht.

Morgen besuche ich dich vielleicht.

Morgen besuche ich dich vielleicht.

Dieselben Sätze, aber anders betont

Wer die Wörter in einem Satz richtig betont, zeigt,
dass er den Satz verstanden hat. Oder umgekehrt:
Erst wenn man einen Satz richtig verstanden hat,
kann man auch die Wörter richtig betonen.

1 Lies dir einmal probeweise die folgenden Sätze im Zusammenhang
selbst vor. Unterstreiche dabei die Wörter, die du betonst.
Beachte: Obwohl die „Antwortsätze" gleich aussehen,
muss man in ihnen doch jeweils andere Wörter betonen.

Was machst du denn morgen?	<u>Morgen</u> gehe ich ins <u>Kino</u>.
Ich gehe heute ins Kino.	<u>Morgen</u> gehe <u>ich</u> ins Kino.

2 Jetzt lies auch die folgenden Sätze. Unterstreiche die Wörter
in den Sätzen rechts, die du betonen musst:

Ich kann T-Shirts mit Streifen nicht ausstehen.	Ich finde T-Shirts mit Streifen gut.
Ich mag gern T-Shirts ganz ohne Streifen.	Ich finde T-Shirts mit Streifen gut.
Was trinkst du denn immer zum Frühstück?	Ich mag am liebsten Tee mit Milch.
Igitt! Tee schmeckt doch nur ohne Milch!	Ich mag am liebsten Tee mit Milch!
Was ist denn dein Lieblingsgericht?	Ich mag nun mal am liebsten Pommes mit Majo.
Wahnsinn! Pommes machen doch dick!	Ich mag nun mal am liebsten Pommes mit Majo!
Wie sieht denn dein Hund aus?	Mein Hund hat ein gepunktetes Fell.
Gepunktet? Das gibt's doch nicht!	Mein Hund hat ein gepunktetes Fell!
Du tust wohl immer nur, was man dir sagt.	Nein, ich mache, was ich will.
Du musst dich auch mal nach anderen richten!	Nein, ich mache, was ich will.
Wer ist denn das Mädchen dort unten?	Das ist meine Freundin.
Das kann nicht sein,	das ist meine Freundin!

3 Lest euch in der Klasse diese Sätze mit verteilten Rollen gegenseitig vor.
Könnt ihr heraushören, welche Wörter der Leser unterstrichen hat?

Ist denn das möglich?

1 Wenn du diesen Text Zeile für Zeile liest,
dann hört sich das Ganze sehr komisch an.
Lies den Text einmal so vor,
als wäre nach jeder Zeile ein Satz zu Ende.

Alle meine Tiere

Zwei Katzen habe ich in einem Glas
schwimmen zehn Zierfische in einem Käfig
flitzt mein Hamster umher auf der Wiese
steht mein Pony und das Kaninchen
sitzt in seinem kleinen Stall mein Dackel
bellt die Schildkröte
kriecht in einem Karton umher der Kanarienvogel
flattert in seinem Vogelkäfig der Tiger
ist mein Lieblingstier das hängt
als Bild an der Wand das habe ich
selber gemalt.

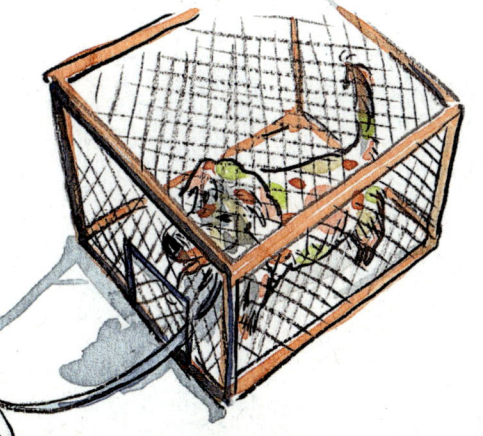

2 Und nun lies das Ganze noch einmal anders.
Jedes Tier soll jetzt seinen richtigen Platz haben.
Mach einen Strich als Pausenzeichen dort,
wo ein Gedanke zu Ende ist:

Zwei Katzen habe ich | in einem Glas
schwimmen zehn Zierfische | …

3 Und nun lies den Text noch einmal vor.

Langsam lesen – richtig betonen!

Wenn du etwas vorliest, sollten dir die anderen gern zuhören.
Du musst also schön langsam lesen und Pausen machen.
Aber du musst auch die richtigen Wörter betonen,
damit andere den Text gut verstehen können.
Und wenn du dann noch deutlich und spannend vorliest,
dann haben alle ihr Vergnügen daran!

1 Lies diese Geschichte zuerst einmal leise durch:

Die beiden Radfahrer

Zwei <u>Radfahrer</u> | begegneten sich auf einer <u>Brücke</u>. ||
Die Brücke war aber <u>so schmal</u>, |
dass sie nicht aneinander <u>vorbeifahren</u> konnten. ||
Da <u>klingelte</u> der eine. ||
5 Der <u>andere</u> | klingelte <u>auch</u>. ||
<u>Dann</u> stiegen sie beide <u>ab</u>. ||
„Du musst dein Rad <u>zurückschieben</u>!", | rief der eine. ||
„Schieb <u>du</u> es doch zurück!", | schrie der <u>andere</u>. ||
Eine <u>Zeit</u> lang <u>stritten</u> sie so miteinander. ||
10 Aber <u>keiner</u> wollte <u>zurück</u>. ||

Seitdem ist die Brücke von der Polizei gesperrt
worden, denn die beiden stehen noch immer dort
und wollen nicht ausweichen. So weit kann
es kommen, wenn keiner nachgeben will.

2 Lies dir jetzt den ersten Teil der Geschichte deutlich selbst vor.
– Betone die Wörter, die <u>unterstrichen</u> sind.
– Mach eine kurze Atempause, wo ein Strich (|) steht.
– Mach eine etwas längere Pause, wo zwei Striche (||) stehen.

3 Im zweiten Teil der Geschichte musst du diese Zeichen
selbst erst noch eintragen.
Dazu solltest du die Sätze leise vor dich hin lesen und ausprobieren,
welche Wörter du besonders betonen – und wo du Pausen machen willst.

4 Und jetzt lies das Ganze noch einmal vor.

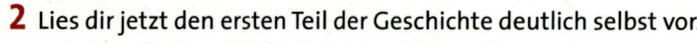

Lesen mit verteilten Rollen

1 Das folgende Gespräch müsst ihr mit verteilten Rollen lesen.
A fängt an und achtet darauf, was **B** sagt. Dann liest wieder **A** und so weiter.
Also: Lesen und gut zuhören! Probiert es aus!

Das ganz besondere Rührei

A: Ich habe was Tolles gekocht. Hast du Lust mitzuessen?
B: …
A: Ich probiere es halt manchmal aus.
B: …
A: Von meinem Vater. | Der ist Hobbykoch.
B: …
A: Wart's ab, wirst du gleich sehen.
B: …
A: Nein, ich meine sehen! Denn ob du es wirklich schmecken wirst?
   Wer weiß!
B: …
A: Eklig? Ich mag es jedenfalls.
B: …
A: Rührei mit Krabben und Ingwer an Tomatensoße.
B: …
A: Mit sowas Gewöhnlichem gebe ich mich nicht ab!
B: …
A: Komm, setz dich! Und hier ist das Ergebnis meiner Kochkunst!
B: …
A: Lecker, nicht wahr?
B: …
A: Gelb und rot. Sieht doch toll aus!
B: …
A: Okay, also guten Appetit!
B: …
A: Probier doch selbst!
B: …
A: Nicht so schlecht? Ich finde es super!
B: …
A: Aber man muss auch neugierig sein auf was Neues!
B: …
A: Rührei machen, Krabben rein, bisschen Salz und Ketschup drüber. Fertig.
B: …
A: Verrate ich nicht. Das ist Kochgeheimnis.
B: …

Lesen mit verteilten Rollen

1 Das folgende Gespräch müsst ihr mit verteilten Rollen lesen.
A fängt an und **B** achtet darauf, was **A** sagt. Dann liest **B** und so weiter.
Also: Lesen und gut zuhören! Probiert es aus!

Das ganz besondere Rührei

A: …
B: Sag bloß, | du kannst kochen!
A: …
B: Und von wem hast du das gelernt?
A: …
B: Und was hast du da zusammengebraut?
A: …
B: Riechen und schmecken, meinst du wohl.
A: …
B: Also etwas ziemlich Ekliges!
A: …
B: Hat dein Essen auch einen Namen?
A: …
B: Igitt! Hab ich noch nie gegessen. Hast du nicht auch Pommes mit Majo?
A: …
B: Na, dann lass uns anfangen!
A: …
B: Oje! Wie das schon aussieht!
A: …
B: Wie Matsche mit Maden und Blut.
A: …
B: Aber du probierst es zuerst! Vergiften will ich mich nicht allein.
A: …
B: Und wie schmeckt es?
A: …
B: Hm, hm. – So schlecht ist es gar nicht.
A: …
B: Hm. – Je mehr man davon isst, umso besser schmeckt es.
A: …
B: Neugierig bin ich. Kannst du mir das Rezept verraten?
A: …
B: Und der Ingwer?
A: …
B: Na, dann behalte es auch für dich.
   Ich habe sowieso nur aus Freundschaft zu dir diesen Matsch mitgegessen.
   Selber machen würde ich so etwas nie!

Eine Geschichte für das Vorlesen vorbereiten

Die Mondfänger und Stangenstrecker von Kiebingen

Im schwäbischen Ort <u>Kiebingen</u> | <u>spiegelte</u> sich eines <u>Abends</u> im <u>Neckar</u> der <u>Mond</u>. || Ein <u>Bauer</u>, | der das <u>sah</u>, | <u>dachte</u>, | der Mond wäre in den <u>Fluss</u> gefallen. || <u>Also</u> | holte er <u>Leute</u> aus dem Dorf, | um den Mond aus dem <u>Neckar</u> zu fischen. || <u>Viele Neugierige</u> kamen mit hin-
5 aus an den <u>Fluss</u>. || <u>Alle</u> wollten sie <u>sehen</u>, | wie die <u>Männer</u> mit einem <u>riesigen Netz</u> | den Mond aus dem <u>Wasser</u> holten. || Doch so <u>sehr</u> man sich auch <u>anstrengte</u>, | es wollte nicht <u>gelingen</u>. || <u>Immer</u> wenn der Bauer <u>dachte</u>, | <u>jetzt</u> habe er den Mond <u>gefangen</u>, | glitt er ihm wieder aus dem <u>Netz</u>. ||

10 Doch die Kiebinger wollten den Mond unbedingt haben! Also gingen sie in der nächsten Vollmondnacht mit langen Stangen hinaus vor das Dorf. Diesmal wollten sie ihn vom Himmel stoßen. Die Stangen waren dafür aber viel zu kurz. Doch die Kiebinger dachten: Wenn man sie nur lang genug streckt und verlängert,
15 dann reichen sie schon! Also packten zwei junge, starke Burschen jeder ein Ende der Stange und zogen aus Leibeskräften, um sie auszudehnen. Dabei hatte der eine den anderen umgerissen. Doch er merkte das nicht! Er zog kräftig an der Stange immer weiter und weiter – und meinte, dass sie jetzt immer länger würde. Erst
20 im Dorf merkte er, dass er den anderen immerzu hinter sich hergezogen hatte. Die Stange war aber dabei nicht um ein Stück länger geworden.

Seitdem nennt man die Kiebinger „Mondfänger und Stangenstrecker".

Eine schwäbische Sage

1 Lies die Geschichte erst leise durch.

2 Sprich den ersten Teil dann so vor dich hin,
wie es dir die Pausenzeichen und Unterstreichungen vorgeben.

3 Unterstreiche im zweiten Teil die Wörter, die **du** betonen willst.
Und mache Striche für die Pausen, – besser einige mehr als zu wenige!

4 Lest euch die Geschichte gegenseitig vor. Achtet darauf,
ob es die anderen so ähnlich – oder etwas anders gemacht haben.

Der Flügelflagel gaustert

1 Lies dir dieses Gedicht erst einmal leise durch.

_____

Der Flügelflagel gaustert
durchs Wiruwaruwolz,
die rote Fingur plaustert,
und grausig gutzt der Golz.

Christian Morgenstern

2 Beim ersten Lesen konntest du wahrscheinlich noch nichts verstehen.
Worum mag es hier wohl gehen? Unterstreiche, was du für richtig hältst.
Du kannst mehrere Sätze unterstreichen oder selbst aufschreiben,
was du meinst!

    Es handelt sich …

    … um ein Unsinngedicht, das reiner Quatsch ist;
    … um ein Gedicht über ein Gespenst;
    … um ein Gedicht aus einer fremden Sprache, –
      nicht um eins in deutscher Sprache;
    … um ein Angstgedicht oder Gruselgedicht;

    … oder _____

3 Einige Wörter erinnern dich sicher an „richtige" Wörter unserer Sprache,
weil sie so ähnlich klingen.
Vielleicht kannst du ja ein richtiges deutsches Wort dahinterschreiben:

gaustert: _____   Wiruwaruwolz: _____

gutzt: _____   Flügelflagel: _____

4 Wo spielt sich das eigentlich ab,   a) morgens in der Schule   d) nachts im Wald
was hier beschrieben wird?   b) auf der Geburtstagsparty   e) im dunklen Keller
Was denkst du? Streiche an: c) auf dem Sportplatz   f) auf der Autobahn

5 Gib jetzt dem Gedicht eine Überschrift und schreibe sie in die leere Zeile.

6 Lest euch das Gedicht jetzt einmal gegenseitig gut betont vor.

Josef Guggenmos: Der Kartoffelkäfer

Jetzt fressen sie, wohin man schaut,
Kartoffelkraut, Kartoffelkraut.
Die Stauden, erst so herrlich grün,
sie werden kahl, sie schwinden hin.

Und nun geht's erst richtig los.
Der Käfer bleibt nicht kinderlos.
Kinder kommen, Kinder wie
Sand am Meer. Jetzt fressen sie.

An einem frischen Blatte dann
fängt er gleich zu knabbern an.
Doch statt nur daran zu nippen,
frisst er's kahl bis auf die Rippen.

1

Der Kartoffelkäfer, der
surrt im Frühling fröhlich her.
Denn hier wächst, so weit man schaut,
Kartoffelkraut, Kartoffelkraut.

Der Bauer schreit: „Was muss ich sehn?
Gleich wird's euch an den Kragen gehen!
Wenn ihr so weitermacht, wie sollen
im Boden wachsen dicke Knollen?"

entsetzt

1 In welcher Reihenfolge musst du die Strophen dieses Gedichtes lesen,
damit eine kleine Geschichte daraus wird?
Gib den Strophen Nummern.

2 Und nun trage das Gedicht laut vor.
Markiere dazu im Text Lesehilfen. Sie sollen dir das Vortragen erleichtern:
– Ein **betontes** Wort kannst du <u>unterstreichen</u>.
– Für eine Pause machst du einen senkrechten Strich: |.
– Und an den Rand kannst du dir schreiben,
  wie du eine Strophe lesen willst, z. B.: entsetzt.

Wer sagt hier eigentlich was?

1 Lies das folgende Gespräch vor und versuche dabei,
gleich die Wörter zu ergänzen, die fehlen.
Wenn dir das nicht gleich gelingt: Ist nicht so schlimm!

Beim Apfelpflücken

Der Vater steht auf der Leiter und pflückt Äpfel.
Die Mutter steht unten und sammelt die heruntergefallenen Äpfel auf.
Mira kommt dazu und möchte auch auf den Baum klettern.

_____ schimpft: „Du bleibst bitte unten!"

_____ sagt: „Ich will aber auch Äpfel pflücken!"

_____ sagt: „Hilf mir lieber beim Aufsammeln!"

_____ jammert: „Nie darf ich auf Bäume klettern!"

_____ ruft: „Nimm mir mal den Korb ab, er ist voll!"

_____ stöhnt: „O, ist der schwer!"

_____ sagt: „Ich habe ja auch nicht dich, sondern deine Mutter gemeint."

_____ sagt: „Und reich mir bitte einen anderen Korb rauf!"

_____ ruft nach einer Zeit: „Ich habe hier oben ein Vogelnest entdeckt!"

_____ bittet: „Das möchte ich auch mal sehen! Darf ich?"

_____ sagt: „Lass sie doch! Ich halte die Leiter."

_____ antwortet: „Na gut, komm rauf! Aber vorsichtig!"

_____ schreit plötzlich: „Autsch! Könnt ihr nicht aufpassen!

Ihr habt mir einen Apfel mitten auf meinen Kopf geworfen."

2 Lies jetzt genauer. Trage in die Zeilen ein, wer hier redet.

3 Jetzt könnt ihr das Gespräch auch mit verteilten Rollen lesen.

Fantasiewörter erraten

1 Lies dir den folgenden Text einmal leise durch.
Verstehen kannst du ihn wahrscheinlich noch nicht richtig,
aber das macht nichts!

Schalokkis mit Remotenjucke

Das ist ein Essen, das jeder schon einmal gegessen hat. Natürlich wird
es in Wirklichkeit anders genannt. Aber wenn man gut aufpasst, versteht man auch so, was gemeint ist. Also: Die fadendünnen Schalokkis
lässt man in kochendem Salzwasser etwa 15 Minuten lang ziehen.
5 Dann schüttet man sie in ein Sieb, sodass das Wasser abtropfen kann.
Etwas Butter oder Olivenöl darauf – und die Schalokkis sind fertig.
Darüber kommt eine heiße Jucke aus frischen Remoten oder Remoten-
mark, die man mit Sahne andickt. Wer geriebenen Käse mag, kann ihn
darüberstreuen. Und jetzt: Bissen für Bissen um die Gabel gewickelt
10 und schlupf, sind sie im Mund.

2 In diesem Text findest du einige Fantasiewörter.
Lass dich beim Lesen nicht von ihnen irritieren!
Wenn du ein zweites Mal liest,
bekommst du den Sinn der Sache bestimmt heraus.
Kannst du aus dem Zusammenhang ermitteln,
was die komischen Wörter bedeuten?

a) Was sind **Schalokkis**? _____

b) An welchem Wort hast du das gemerkt? Unterstreiche das Wort im Text.

c) Was sind **Remoten**? _____

d) Was bedeutet **Jucke**? _____

e) Und was ist dann also **Remotenjucke**? _____

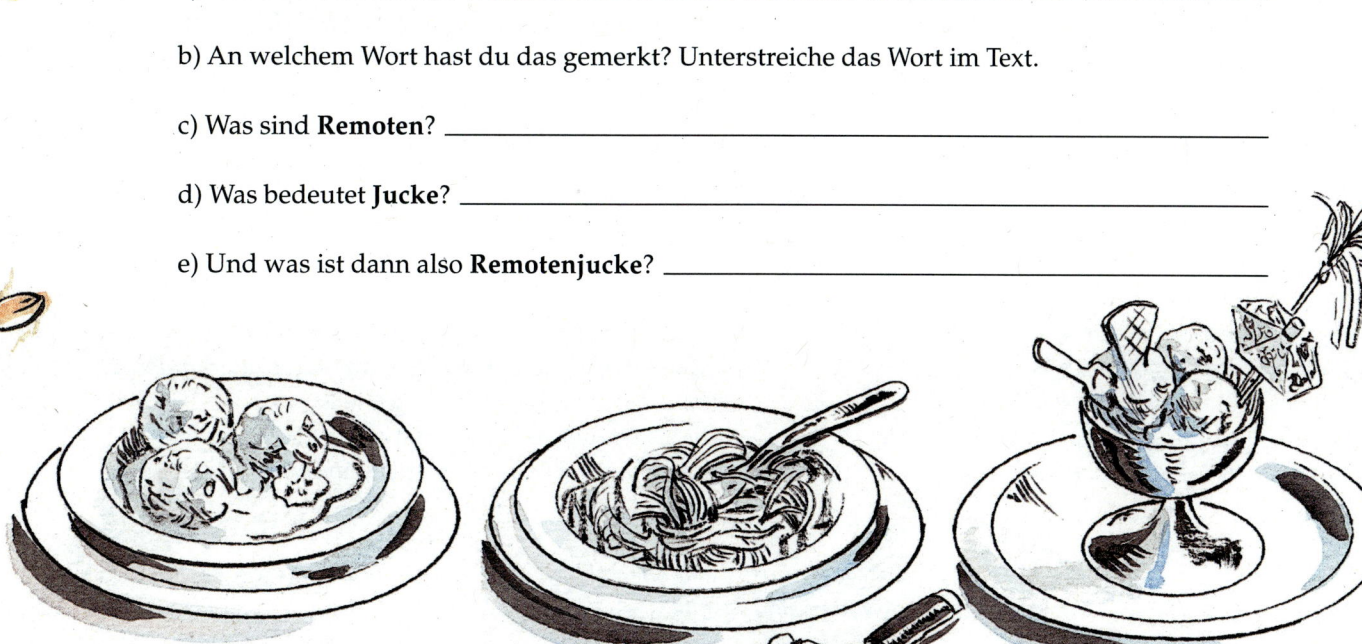

3 Male den Teller mit der richtigen Speise bunt an.

Einen Zeitungsartikel verstehen – gar nicht so leicht!

1 Lies den Text zuerst einmal rasch durch. „Überfliege" ihn mit den Augen.

Aufregende Nacht in Zelten

Höhepunkt eines jeden Jahres ist für die Jugend der Kleingartenfreunde in Mellendorf das sommerliche Biwak. Für die Kinder und Jugendlichen gehört es zu den aufregendsten Ereignissen des Jahres, ihre Zelte aufzuschlagen und das Lagerfeuer aufzuschichten. Seit mindestens zehn Jahren biwakieren die jungen Leute am dritten Wochenende im Juni in der Gartenkolonie am Fernsehturm. Unter der Leitung der Vorsitzenden des Vereins versammelten sie sich am Fernsehturm. Sie hatten lediglich ihre Zelte und Schlafsäcke mitzubringen; das Essen und Trinken wurde von einer Firma gesponsert. Bevor die jungen Leute am Samstag, den 24. Juni, in ihre Schlafsäcke schlüpften, wurde gemeinsam gegrillt und später das Sonnenwendfeuer entzündet, in dem Stockbrot geröstet wurde. Als es richtig dunkel war, schloss sich eine Nachtwanderung mit Schnitzeljagd und Schatzsuche an. Für die meisten Jugendlichen war das Nachtlager recht kurz; einige von ihnen mussten gemeinsam mit der Lagerleiterin abwechselnd am Lagerfeuer Nachtwache halten, wie es bei einem Biwak üblich ist. Am Sonntagmorgen um 8.00 Uhr wurden die Teilnehmer mit Sirene geweckt. Das gemeinsame Frühstück wartete schon auf sie.

2 Lies den Text jetzt noch einmal aufmerksam durch.
Unterstreiche die Wörter, die dir unbekannt sind.

3 Und so kannst du mit unbekannten oder fremden Wörtern umgehen:

- ◆ Du kannst jemanden danach fragen, was sie bedeuten;
- ◆ du kannst sie in einem Wörterbuch nachschlagen;
- ◆ du kannst oft aus dem Zusammenhang herausbekommen, was sie bedeuten.
- ◆ Du kannst die Wörter *Gartenkolonie, gesponsert, Sonnenwendfeuer, Stockbrot* hinten nachschlagen.

4 Was heißt eigentlich *Biwak*? Und was *biwakieren*?
Kannst du das dem Text entnehmen, ohne nachzuschlagen?
Unterstreiche auch die entsprechenden Wörter im Text.

5 Drei Kinder unterhalten sich darüber.
Recht hat aber nur einer!
Unterstreiche, wer Recht hat.
Wenn du es nicht herausbekommst, schlage hinten nach.

a) Lars sagt: „Ein Biwak ist eine Feuerstelle."
b) Marie sagt: „Nein, Biwak ist ein Nachtlager im Freien."
c) Tobias sagt: „Biwakieren, das heißt, dass sie unter dem Fernsehturm zelten."
d) Karla sagt: „Biwak ist ein gemeinsames Frühstück."

6 Wann fand eigentlich das *Sonnenwendfeuer* statt?
Kreuze an. Zwei Antworten sind richtig!

a) Am Sonntagmorgen um 8.00 Uhr?
b) Am dritten Wochenende im Juni?
c) Am 24. Juni?
d) In der Nacht vom 23. zum 24. Juni.

Wissenswertes über den Weißstorch

1 Lies die Sätze und wähle dabei ein treffendes Wort.
Unterstreiche es erst vorsichtig mit Bleistift.

1. Das Aussehen des sympathischen **Rotschnabels / Grünschnabels / Blauschnabels** ist unverwechselbar.

2. Der Weißstorch hat ein **weiß-schwarzes / schwarz-blaues / weiß-blaues** Gefieder.

3. Er wird etwa 80 bis 100 **Millimeter / Zentimeter / Kilometer** groß und kann bis zu 4500 Gramm wiegen.

4. Seine **Flügel / Füße / Beine** haben eine Spannweite von bis zu zwei Metern.

5. Seine **Speisen / Verpflegung / Nahrung** findet er in Feuchtgebieten, Wiesen und Auen.

6. Gern **frisst / verzehrt / verspeist** er Frösche, Eidechsen, Schlangen, Fische, Regenwürmer und Insekten.

7. Kleine Säugetiere wie Maulwürfe und **Schokohasen / Gummibärchen / Mäuse** schmecken ihm auch.

8. Mutter Storch **wirft / legt / streut** meistens drei oder vier Eier, manchmal bis zu sieben.

9. Nach einem Monat schlüpfen die Küken und bleiben dann zwei Monate im **Nest / Stall / Bau** .

10. Ein Storchenpaar mit drei **Küken / Jungvögeln / Jungen** muss etwa vier Kilogramm Nahrung am Tag suchen.

11. Weil bei uns das Futter für die Störche meist **lecker / teuer / knapp** ist, fliegen meistens nur ein bis zwei Jungstörche pro Nest aus.

12. Das Storchennest wird **immer wieder / nur einmal / jedes Jahr wieder** benutzt und kann bis zu zwei Tonnen wiegen.

2 Jetzt lies die Sätze noch einmal. Manchmal passt nur ein Wort.
Manchmal machen aber auch zwei oder alle drei Wörter Sinn.
Probiere aus, welches Wort dir am besten gefällt, und markiere es.

Computer

1 Am besten überfliegst du den Text zunächst einmal,
damit du ungefähr weißt, wovon er handelt.
Entscheide, welches der beiden Wörter zum Inhalt des Textes passt.
Unterstreiche das passende Wort zuerst mit Bleistift.

Es gibt heute schon Computer in Fingergröße

Sie addieren in einer *Sekunde/Stunde* 50 000 Zahlen.

Mancher moderne *Stromzähler/Computer*, der so groß ist wie etwa

ein Reisekoffer, *addiert/sammelt* in einer Sekunde sogar Millionen

von *Zahlen/Buchstaben* – und das fehlerfrei!

Das sind *erschreckende/erstaunliche* Leistungen.

Probiert doch einmal aus, wie viel *Geduld/Zeit* ihr braucht,

um mit Papier und Bleistift die Zahlen 12 345 und 6 789 zu addieren.

Nehmen wir an, ihr habt zehn Sekunden *gebraucht/versäumt*.

Wenn das so ist, benötigen wir 100 000 *Sekunden/Tage*,

um 20 000 Zahlen zu addieren.

Das sind rund 28 Stunden oder mehr als drei *Arbeitswochen/Arbeitstage*.

Dabei können wir uns nicht einmal sicher sein, ob uns beim

Zählen/Rechnen nicht auch Fehler unterlaufen sind.

Der Computer in Fingergröße erledigt diese für uns so *leichte/mühsame*

Rechenarbeit fehlerfrei im Bruchteil einer Sekunde.

2 Entscheide dich beim zweiten Lesen für ein Wort
und markiere es jetzt farbig.

Wer ist hier welcher Meinung?

Meinungen über Niklas

Sven sagt: „Niklas ist vielleicht ein Angeber! Immer muss er die neuesten Klamotten haben! Und dann tut er immer so, als wenn er der Größte wäre. Na gut, er legt sich mit niemandem an. Meistens ist er sogar ganz nett und spielt sich als Helfer auf, wenn zwei sich streiten. Beliebt ist er trotzdem nicht …"

Paul sagt: „Niklas ist zwar manchmal etwas angeberisch und er zieht sich auch gern tolle Sachen an. Aber er ist in fast allen Fächern der Beste. Er mag keinen Streit und ist immer hilfsbereit. Leider ist er nicht sehr beliebt …"

1 Lies dir diese beiden Texte genau durch und entscheide dann:
Wer von beiden sagt am Schluss den Satz **A** und wer den Satz **B**?
Schreibe die Namen davor.

A: _____ „… Aber für mich ist er der beste Freund."

B: _____ „… Und ich möchte ihn nie und nimmer zu meinem Freund haben."

2 Kannst du deine Entscheidung auch begründen?
Sprecht gemeinsam darüber!

Meinungen über Katarina

Charlotte sagt: „Katarina ist zwölf Jahre alt, aber für ihr Alter noch ziemlich klein. Doch das macht ihr nicht viel aus. Sie ist nämlich ziemlich kräftig. Und wer sich mit ihr anlegt, dem zeigt sie, dass sie sich nicht so leicht etwas gefallen lässt. Sie kann sich gut durchsetzen …"

Kira sagt: „Katarina ist zwölf Jahre alt und ein bisschen winzig geraten. Aber im Streiten ist sie ganz groß. Wehe, man legt sich mit ihr an! Dann kann sie richtig fuchsteufelswild werden. Sie legt sich mit allen an und kann sich nichts gefallen lassen! Immer hat sie die größte Klappe …"

3 Wer von beiden, Charlotte oder Kira, könnte die Sätze **A** und **B** gesagt haben?
Schreibe die Namen davor.

A: _____ „… Leider ist sie auch noch Klassensprecherin geworden."

B: _____ „… Und ich finde auch gut, dass sie Klassensprecherin geworden ist."

4 Kannst du deine Meinung begründen?
Sprecht miteinander darüber.

Warum jemand schreibt

Oft schreibt jemand etwas auf, um es einem anderen mitzuteilen.
Das wird häufig mit unterschiedlicher Absicht getan:

🔻 um den Leser zu informieren. Man beschreibt und erklärt etwas.
🔻 um den Leser spannend zu unterhalten.
🔻 um den Leser davon zu überzeugen, in einer bestimmten Art zu handeln.
🔻 um dem Leser etwas von den eigenen Empfindungen mitzuteilen.

Natürlich kann ein Autor bei einem Text auch mehrere Schreibabsichten haben.

1 Hier sind vier ganz unterschiedliche Texte.
Lies sie und notiere dann, was deiner Meinung nach
die Hauptabsicht des Autors ist.

Fit durch Früchte

Obst und Gemüse essen macht fit und hält schlank. Tu dir
selbst etwas Gutes und greife möglichst fünfmal am Tag
zu den leckeren Muntermachern aus dem Gemüseladen.
Geht natürlich auch als Milchmixgetränk mit Obst, als
5 Joghurt mit Obstsalat, Salatteller mit allen nur denkbaren
Köstlichkeiten …, der Fantasie sind keine Grenzen gesetzt.
Wichtig ist nur: Mehr Obst, Gemüse, Kartoffeln, Vollkorn-
produkte, dafür weniger Fett und weniger Süßigkeiten.
Also dann: Fruit is good for you!

Warum hat der Autor deiner Meinung nach
diesen Text wahrscheinlich geschrieben?

_____

_____

_____

_____

Skateboardfahren

Der Sport entstand um 1960 in Kalifornien, als Surfer die
Idee hatten, ein kurzes Surfbrett auf Rollschuhe zu mon-
tieren. Schon kurze Zeit später wurden viele Skateboards
hergestellt und verkauft. Die Begeisterung für das Skate-
5 boardfahren breitete sich schnell aus. Ende der siebziger
Jahre war es weltweit verbreitet.
　　Es gibt eine Vielzahl von Fahrstilen und -manövern. Sie
lauten in der in diesem Sport gebräuchlichen englischen
Sprache beispielsweise: _Space walk, Helicopter, Walking the_
10 _dog_ oder _Shooting the duck._ Man unterscheidet folgende
Disziplinen: _Street, Freestyle, Halfpipe_ und _Miniramp._

Warum hat der Autor deiner Meinung nach
diesen Text wahrscheinlich geschrieben?

_____

_____

_____

_____

_____

Liebe Britt,

ich weiß gar nicht, wie ich es dir sagen soll. Vielleicht hast du es ja auch schon gemerkt, dass ich dich mag. Als wir gestern Abend am Rathausbrunnen saßen und miteinander geredet haben, war das einer der schönsten Momente
5 in meinem Leben. Auch wenn du meine Gefühle nicht erwiderst, sollst du wissen, wie sehr ich dich mag. Bitte zeig diesen Brief niemand anderem und sag nichts zu Julian.

Dein Philipp

Warum hat der Autor deiner Meinung nach diesen Text wahrscheinlich geschrieben?

_____

_____

_____

_____

_____

Das Abenteuer beginnt

Als es endlich dunkler wird, gehen sie los. Sie sind zu fünft, zwei Mädchen und drei Jungen. Einige Minuten später kommen sie am letzten Haus des Ortes vorbei. Hinter einem der Fenster sehen sie bläuliches Fernsehlicht.
5 Dann gehen sie den Feldweg runter, Richtung Nachbardorf. Die fünf sind unheimlich gespannt, ob es klappen wird, was sie vorhaben. Sie reden kein Wort. Es gibt auch nichts zu bereden, denn sie haben alles genau geplant. Eigentlich kann nichts schiefgehen.
10 Eine Wolke schiebt sich vor den Mond und es wird noch dunkler. Das passt gut, sehr gut sogar. Hoffentlich bleibt die Wolke da.
Die fünf sind schon bei den Müllcontainern, hinter denen sie sich verstecken. Und aus ihrer Deckung sehen sie
15 ihn ...

Achim Bröger

Warum hat der Autor deiner Meinung nach diesen Text wahrscheinlich geschrieben?

_____

_____

_____

_____

_____

2 Warum hast du dich so entschieden, wie du es getan hast?
Suche dir einen der vier Texte aus und erkläre deine Entscheidung.

Titel des Textes:

_____

Ich denke, die Hauptabsicht des Autors ist:

_____

Ich meine das, weil ...

_____

_____

Nicht immer hat die Zeitung so ganz recht!

1 Lies dir diesen Zeitungsbericht durch
und unterstreiche die Wörter, die dir unbekannt sind.

Schülerinnen und Schüler fahren zum Unicef-Lauf

Bissendorf. 250 Schülerinnen und Schüler der 5. und 6. Klassen sind am Freitag vom Bissendorfer Bahnhof aus zum 7. Unicef-Lauf, der in Langenhagen stattfand, gestartet. Mit ihren Turnbeuteln warteten sie voller Spannung gegen zehn Uhr am Bahnsteig bei strahlender Sonne auf die einfahrende S-Bahn. Der Schulleiter hatte mit den Lehrkräften alle Hände voll zu tun, die quirligen Schüler im sicheren Abstand von der Bahnsteigkante zu halten. Die Sponsoren haben sich verpflichtet, für jeden gelaufenen Kilometer einen zuvor vereinbarten Geldbetrag an die Unicef zu spenden.

2 Und das hat eine Schülerin am Abend zu Hause erzählt:

„Das war ein tolles Erlebnis! Wir sind vom Bahnhof Bissendorf aus mit der S-Bahn nach Langenhagen gefahren. Wir, das waren genau 130 Mädchen und 101 Jungen aus dem 5. und 6. Schuljahr. Niemand hat gefehlt! Wir hatten unsere Turnschuhe und Trikots alle in
5 Rucksäcke oder Turnbeutel gepackt. Wir waren alle ziemlich aufgeregt. Auf dem Bahnhof ging es dann aber ganz ruhig zu. Wir sind ja nicht das erste Mal mit der Bahn gefahren! Deswegen wussten wir auch, wie man sich auf einem Bahnsteig benimmt. In Langenhagen fing dann der große Lauf für das Weltkinderhilfswerk an.
10 Jeder gab sich große Mühe, möglichst viele Kilometer zu laufen. Für jeden Kilometer, den ein Kind gelaufen ist, gab es Spenden von verschiedenen Firmen und Geschäften. Das Geld sollen dann die Kinder aus den armen Ländern bekommen. Ich bin fast 14 Kilometer gerannt – und war am Schluss ganz schön kaputt! Zum Glück
15 war der Himmel bewölkt. Sonst hätte ich noch mehr geschwitzt!“

3 Natürlich hat diese Schülerin alles ein bisschen genauer erzählt,
als es in der Zeitung stand. Einige Dinge sind aber auch ganz anders
als im Zeitungsbericht. Die hat der Mann von der Zeitung
wohl doch nicht ganz richtig aufgeschrieben!
Unterstreiche die Stellen, die im Zeitungsbericht nicht stimmen.
Es sind vor allem drei!

4 Im Zeitungsbericht kommen zwei Fremdwörter vor.
Die Schülerin hat dasselbe in deutschen Wörtern ausgedrückt.
Kannst du sagen, was die beiden Wörter bedeuten:

UNICEF ist _____

Sponsoren sind _____

In der Zeichenstunde

1 Lies dir den Text A aufmerksam durch.

Die Kinder haben Buntstiftzeichnungen angefertigt. Sie haben
Herbstblätter abgemalt, die sie draußen gesammelt hatten.
Da Lena und Jakob nebeneinander sitzen, können sie sich mit
ihren Stiften manchmal aushelfen. Lena hat nämlich nicht so
einen schönen gelbroten Stift wie Jakob, und Jakob muss sich
dieses wunderbare Dunkelbraun leihen, das in Lenas Kasten ist.
Für Herbstblätter braucht man nun einmal vor allem rote, gelbe,
grüne und braune Farben. Und natürlich auch ein Orange. Aber
das haben beide in ihrem Buntstiftkasten. Als sie ihre schönen
Bilder in den Herbstfarben fertig gemalt haben, packen sie ihre
Stifte wieder ein. Da merkt Lena, dass ihr ein Buntstift fehlt.
Welche Farbe fehlt ihr wohl?

2 Beantworte jetzt die Frage am Schluss des Textes.
Sicher musst du das Ganze noch einmal lesen.
Unterstreiche die Stelle im Text, an der man das herausbekommt.

Die Kinder schauen sich ihre Zeichnungen an. Lena hat
schöne große Blätter gemalt, ein gelbes Kastanienblatt, ein
rotes Ahornblatt, das aber noch nicht ganz fertig geworden
ist, und ein grünes Birkenblatt – und dazu drei glänzende
braune Kastanien. Jakob hat sechs kleinere Blätter gemalt:
gelbrote Rosen-, braune Brombeer- und gelbe Weidenblätter.
Jetzt brauchen sie den Haufen bunter Herbstblätter, der auf
dem Tisch liegt, nicht mehr. Jakob wirft alle Blätter in den
Papierkorb. Da schreit Lena: „Nein, noch nicht! Hol das eine
wieder raus! Ich bin doch noch gar nicht fertig!" Jakob sieht
sich Lenas Bild noch einmal an und holt das Blatt wieder
heraus. Welches Blatt eigentlich?

3 Auch diesen Text musst du sicherlich zweimal lesen,
wenn du die Frage beantworten willst.
Unterstreiche auch hier die Stelle im Text!

Auf einmal kommt Karsten dazu und sieht sich Lenas
und Jakobs Bild an. „Find ich nicht gut!", sagt er.
„Herbstblätter sollen doch bunt sein. Da ist ja Grün
drauf!" Jakob protestiert: „Sag mal, spinnst du? Ich habe
doch gar kein Grün benutzt." Hat er recht oder nicht?

4 Hat nun Karsten recht? Auf welchem Bild ist ein grünes Blatt zu sehen?
Dazu musst du die Texte **A** und **B** sicherlich noch einmal genau lesen.
Streiche die Stelle an, an der du das herausbekommst.

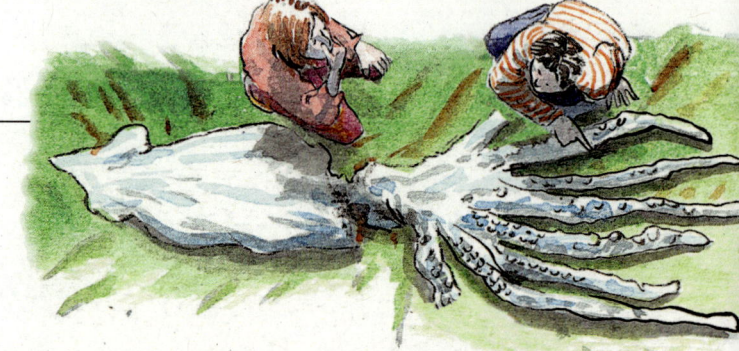

Seltsame Meerestiere

Mysteriöser Riesenkrake wurde in Australien an Land gespült

Eine bisher unbekannte Art eines Riesenkraken ist im Jahr 2002 in Südaustralien an Land gespült worden. Der Kadaver des Tieres wog 200 Kilogramm. Bisher ist kein vergleich-
5 bar großes Exemplar bekannt geworden.

Dieser an Land gespülte Riesenkrake stammt aus der Tasmansee. Er besaß acht bis zu 15 Meter lange Tentakeln. Die beiden längsten Fangarme hatte das Tier allerdings
10 bereits im Wasser verloren.

Kraken sind mit den Tintenfischen verwandt. Diese Tiere leben in tropischen und gemäßigt warmen Gewässern. Alle Octopusarten, das ist ihr Familienname, haben einen weichen
15 Körper, ein hoch entwickeltes Gehirn und acht Arme. Ihre Augen sind sehr leistungsfähig. Sie können ihre Farbe und die Musterung der Haut schnell verändern. Kraken leben meist in Verstecken wie Höhlen und
20 Geröllhaufen.

Das giftigste Tier der Welt

Elegant schwebt dieses Tier durch die tropischen Meere. Es bewegt sich wie ein Schleier. Seine Heimat liegt zwischen Australien und den Philippinen. Aber Achtung. Mit der See-
5 wespe ist nicht zu spaßen. Innerhalb von fünf Minuten kann ihr Gift einen Menschen töten, wenn er kein Gegenmittel erhält.

Die Seewespe gehört zu der Familie der Würfelquallen und ist ca. 15 bis 20 cm groß.
10 Der Körper ist ganz weich und durchsichtig. Sie besitzt kein Herz und kein Gehirn, hat

aber Augen, um zu navigieren. Wenn sie durchs Wasser schwebt, folgen ihr die bis zu zwei Meter langen Tentakeln wie eine tödli-
15 che Gardine. In ihnen befinden sich Zehntausende winziger Nesselkapseln voller Gift, die die Beute, meistens Garnelen und Fische, sofort töten und somit bewegungslos machen. Das ist für die Qualle auch lebenswich-
20 tig, denn jede Berührung durch ein Opfer kann ihren zarten Glibberleib zerreißen.

1 Lies die beiden Texte erst einmal in aller Ruhe durch.

2 Setze die richtigen Wörter ein. Markiere die entsprechenden Stellen in den Texten.

Die Arme des Riesenkraken heißen _____, und die der Seewespe

heißen _____.

Die Seewespe hat kein Gehirn. Die Kraken besitzen _____.

Der Riesenkrake gehört zur Familie der _____, die Seewespe

gehört zu der _____.

3 Kreuze an, ob die folgenden Aussagen zu Text **A**, zu Text **B** oder zu beiden Texten passen:

a) Das Meerestier lebt in den Gewässern um Australien. ☐ A ☐ B
b) Das Meerestier hat acht Tentakeln. ☐ A ☐ B
c) Das Meerestier besitzt Augen. ☐ A ☐ B

Zwischenüberschriften machen einen Text übersichtlicher

1 Lies dir den folgenden Text erst einmal rasch durch.

Kinderzirkus Chiccolino auf der Eselswiese

1. _____

Auch in diesem Jahr war die Vorstellung des Kinderzirkus' Chiccolino auf der Meitzer Eselswiese bis auf den letzten Platz besetzt. Die Zuschauer waren begeistert von den Tierdressuren, der Akrobatik und den Pantomimen der Kinder.

2. _____

Die Kinder hatten mehrere Monate lang an ihren Nummern gearbeitet. Sie mussten das Voltigieren lernen und sich gegenseitig dabei helfen. Dabei mussten sie auch manchmal lernen, Misserfolge zu verkraften.

3. _____

Bei der Vorstellung klappte dann trotz vielen Trainings nicht alles sofort. So weigerte sich das Schwein Berta, die Manege zu betreten. Und so mancher Artist ist vom Seil abgerutscht oder hat beim Jonglieren die Bälle fallen lassen. Das alles zu verkraften gehört zu den wichtigen Dingen, die die Kinder beim Zirkusspielen lernen.

4. _____

Auch das Abschiednehmen gehört dazu. So konnten die lustige Hündin Motte und das beliebte Pony Carlo auf dieser Veranstaltung nicht mehr auftreten. Sie sind für solche Vorführungen einfach zu alt geworden und können nicht mehr Männchen machen oder um die Manege herumlaufen.

5. _____

Am meisten Applaus bekam der berühmte Clown Peter Shub vom Zirkus Roncalli. Er steht seit einigen Jahren dem Zirkus Chiccolino mit Rat und Tat zur Seite. Von ihm haben die Kinder das meiste gelernt. Und vielleicht werden sie im nächsten Jahr mit ihm eine gemeinsame Tournee machen.

2 Dieser Text hat fünf Absätze. Lies Absatz für Absatz aufmerksam durch und gib den Abschnitten Zwischenüberschriften.
Hier sind fünf solcher Überschriften. Ordne sie den Absätzen zu.
Aber Achtung: Eine Überschrift passt zu keinem der Absätze!
Und zu einem Absatz musst du die Überschrift selbst formulieren.

a) Auch aus Fehlern kann man lernen!
b) Viel Training ist vorher notwendig!
c) Begeisterte Zuschauer!
d) Dressurvorführung der Hündin Motte!
e) Abschied von Zirkustieren!

3 Wenn dir einige der Wörter in diesem Text unbekannt sind, dann unterstreiche sie. Erklärt sie euch gegenseitig – oder schlage sie hinten nach.

Rudyard Kipling: Das Dschungelbuch

1 Hier sind **zwei** Texte vermischt. **Text 1** informiert dich über den
Schriftsteller *Rudyard Kipling*, der *Das Dschungelbuch* geschrieben hat.
Text 2 erzählt von Mowgli, dem Wolfskind.
Lies dir den „Misch-Text" jetzt zunächst einmal in Ruhe durch.

2 Die Reihenfolge der Textteile ist richtig.
Aber du musst herausfinden, welche Teile zu Text 1
und welche zu Text 2 gehören.
Um dir eine Hilfe zu geben, sind die Textanfänge hervorgehoben!

3 Besprecht, welche Zeilen zu welchem Text gehören.

4 Wenn du ganz sicher bist, dann markiere
die Teile von Text 1 **grün** und die von Text 2 **rot**.

5 Lies dann beide Texte laut vor.

Text 1:
Joseph Rudyard Kipling wurde 1865 in Indien geboren.
Der kleine Rudyard hatte eine indische Kinderfrau, die ihm
damals schon Märchen von Wolfskindern erzählt hat …

Text 2:
Mowgli heißt das kleine Kind, das eines Tages von Wölfen mitten
im Urwald entdeckt wird. Obwohl Shere Khan, der Tiger, Mowgli
töten will, entschließen sich die Wölfe, das „Menschenjunge" in ihr
Rudel aufzunehmen und großzuziehen …

Als Rudyard Kipling alt genug war, um zur Schule zu
gehen, schickten ihn seine Eltern zurück nach England.
Nachdem Rudyard seine Schulzeit in England beendet
hatte, kehrte er wieder in sein geliebtes Indien zurück.
5 Baloo, der Bär, und Bagheera, der schwarze Panther,
versprechen, sich um Mowgli zu kümmern und ihm die
Gesetze des Dschungels beizubringen.
1893 begann Rudyard Kipling all die Geschichten auf-
zuschreiben, die ihn seit seiner Kindheit faszinierten.
10 Eines Tages entführen ihn die Affen und bringen ihn in
eine verlassene alte Stadt, mitten im Dschungel.
1894 erschien dann sein berühmtes Dschungelbuch.
Kipling wurde ein so erfolgreicher Schriftsteller, dass
er 1907 sogar den Nobelpreis erhielt.
15 Doch Baloo, Bagheera und Kaa, eine große Python-
schlange, befreien Mowgli aus der Affenstadt.
1936 starb Rudyard Kipling mit 71 Jahren in England.
Mowgli liebt den Dschungel sehr, doch eines Tages
kehrt er doch noch zu den Menschen zurück.

Wer ist Robinson Crusoe?

Du weißt nicht, wer *Robinson Crusoe* ist …? Nun, *Robinson Crusoe*
zählt wohl zu den berühmtesten Romanfiguren der Weltliteratur.
1719 veröffentlichte der englische Schriftsteller *Daniel Defoe* die
Geschichte des jungen *Robinson Crusoe*, der eine Seereise unternimmt,
in einen schweren Sturm gerät und schließlich als Schiffbrüchiger
27 Jahre lang auf einer unbewohnten Insel leben muss. Er leidet sehr
unter der Einsamkeit und sehnt sich nach anderen Menschen.
Als eines Tages Kannibalen mit Kanus auf seine Insel kommen,
um einen Gefangenen zu töten, kann er den Gefangenen befreien
und findet in ihm einen Freund, den er *Freitag* nennt.

Auf dem Bild siehst du, wie Robinson alle brauchbaren Sachen
aus dem Wrack holt. **Aber aufgepasst!**
In **neun** Punkten stimmt der Text nicht mit dem Bild überein.
Außerdem hat sich etwas aus unserer Zeit hineingeschlichen!

1 Lies den Text zunächst aufmerksam und vergleiche ihn mit dem Bild.

2 Lies den Text jetzt noch einmal
und **markiere** die Textstellen, die du für falsch hältst.
Zur Kontrolle kannst du auch die Gegenstände
auf dem Bild markieren!

Gleich am Morgen nach seiner Rettung machte sich
Robinson daran, aus angeschwemmten Brettern und
Fässern ein Floß zu bauen, mit dem er zum Schiffswrack
rudern konnte. Dort wollte er so viele brauchbare Sachen
5 als nur möglich aufladen und an Land bringen.
   Er wusste, dass das Wrack jeden Moment sinken
konnte, und so belud er sein schwankendes Ruderboot
in Windeseile. Besonders wichtig waren ihm die zwei
Gewehre und die fünf Pulverfässchen. Die Gewehre
10 brauchte er dringend für die Jagd und zu seinem Schutz
vor möglichen Feinden. Auch den einzigen Säbel lud er
ein, obwohl er nie gelernt hatte, mit Säbeln zu kämpfen.
Da konnte er mit den vier Pistolen schon mehr anfangen.
Pistolenkugeln hatte er zum Glück auch in einer Kiste
15 aus dem Laderaum des Schiffes bergen können. Die Kiste
mit den Pistolenkugeln hatte er auf seinem Floß direkt
neben die Eisenkessel gestellt. Die drei anderen Kisten
hatte er so zusammengestellt, dass sie nicht umfallen
konnten. Trotzdem verrutschten sie durch die Brandung
20 sodass eine Kiste ins Wasser fiel und neben dem Floß
trieb.
   Als Robinson schon ablegen wollte, hörte er auf dem
Schiff ein leises Miauen. Der Schiffskater wollte mit an
Land. Aber Robinson musste ihn leider an Bord lassen,
25 weil er keinen Platz mehr hatte.

Kannst du einen Fahrplan lesen?

Thilo will seinen Freund Ole als Torwart sehen

Thilo wohnt in der Südstadt. Er will am Samstag seinen Freund Ole in der Nordstadt besuchen. Der spielt nämlich im Fußballendspiel als Torwart mit. Und da muss Thilo unbedingt dabei sein! Er muss aber mit der S-Bahn fahren, denn sein Vater kann ihn nicht mit dem Auto hinbringen. „Ich schaffe das schon!", sagt er und lässt sich den Fahrplan geben. Er sieht nach, wann er fahren kann. Das Fußballspiel fängt um 14 Uhr an. Vom S-Bahnhof Nordstadt bis zum Stadion braucht er nur drei, vier Minuten. Er lässt also seinen Zeigefinger über die Spalten des Fahrplans gleiten und sagt: „Das passt ja ganz toll!"

1 Schau dir den Text noch einmal genau an.
Schreibe auf, an welchem Wochentag Thilo am Bahnhof Nordstadt sein muss – und zu welcher Zeit ungefähr:

Wochentag: _____   Zeit: _____

2 Lies dir jetzt den Fahrplan genau durch.
Mit welchem Zug kann Thilo am besten fahren?
Streiche im Fahrplan die Abfahrts- und Ankunftszeit an.
Schreibe auf:

Er fährt los um _____.   Er kommt an um _____.

Fahrplan: Südstadt–Nordstadt

	Montag bis Freitag			Sonn- und Feiertag			täglich außer Sonntag		
Südstadt ab:	13.30	14.00	14.30	12.00	14.00	16.00	11.00	13.00	15.00
Mittelweg ab:	13.44	14.14	14.44	12.14	14.14	16.14	11.14	13.14	15.14
Kreuzstraße ab:	14.05	14.35	15.05	12.35	14.35	16.35	11.35	13.35	15.35
Nordstadt an:	14.22	14.52	15.22	12.52	14.52	16.52	11.52	13.52	15.52

Erich Kästner: Die Konferenz der Tiere

Eines Tages haben die Tiere die Nase voll von den Menschen, ... von den **erwachsenen** Menschen jedenfalls, denn Kinder mögen sie sehr gerne. Die Tiere finden nämlich, dass die Erwachsenen viel zu viel an Kriege, Streiks und Revolutionen denken und zu wenig für ihre Kinder tun. Aus diesem Grund beschließen sie, eine Konferenz nur für Tiere einzuberufen. Da die Tiere in *Erich Kästners* Buch natürlich alle sprechen können, telefoniert Oskar, der Elefant aus Nordafrika, in der ganzen Welt herum ...

1 Lies dir den Text zuerst einmal in Ruhe durch.

2 Fast alle Tiere in Erich Kästners Buch haben Namen und wohnen auf der ganzen Welt verteilt!
Lies den Text nun **noch einmal** ganz aufmerksam und **markiere** die Tiere, ihre Namen und ihre Heimat.
Aufgepasst! Zwei Tiere haben keinen Namen!

Nach einer Nacht voller merkwürdiger Träume rannte der Elefant, noch verschlafen und in Pantoffeln, in aller Herrgottsfrühe zum Telefon und meldete sechs Ferngespräche an:
5 eines mit seinem kleinen Neffen, dem Tapir Theodor, in Südamerika; eins mit dem Känguru Gustav in Australien; eines mit dem alten Eisbären Paul am Nordpol; eines mit der Eule Ulrich in Mitteleuropa; das fünfte mit
10 der Maus Max in Asien und das sechste mit Reinhold, dem Stier in Nordamerika. Da hatten die Störche und Flamingos, die im ägyptischen Hauptpostamt als Telefonfräuleins angestellt waren, mächtig zu tun. Erst gab es
15 ein paar Fehlverbindungen, aber schließlich klappte es. „Hört bitte genau zu!", rief Oskar, der Elefant. „Mit den Menschen geht das so nicht weiter! Versteht ihr mich?" „Ja, Oskar!", antworteten die sechs so laut sie konnten.
20 „Ich habe eine Idee gehabt!", brüllte der Elefant. „Es ist ihrer Kinder wegen, bloß deshalb! (…) Also hört zu! (…) Die Menschen machen in einem fort Konferenzen, ohne etwas zu erreichen, und so ist meine Idee, dass wir auch
25 – eine Konferenz abhalten!"

3 Trage nun in die folgende Tabelle ein, wie die Tiere heißen und wo sie wohnen.

Tier	Name	Heimatland
Elefant	_____	_____
Eule	_____	_____
Flamingos	_____	_____
Stier	_____	_____
Eisbär	_____	_____
Tapir	_____	_____
Störche	_____	_____
Känguru	_____	_____
Maus	_____	_____

Welches Tier gefällt dir am besten?

Welcher Hund passt zu mir, zu meiner Familie und in unsere Wohnung? Verschiedene Hunderassen haben ganz unterschiedliche Eigenschaften und Bedürfnisse.

1 Informiere dich.
Lies den Artikel über den Hund, der dich am meisten interessiert.

Beagle

Eigenschaften: klein, intelligent, sehr lebhaft; mag nicht gern allein sein, braucht Spielpartner
Bewegung: sehr viel Auslauf, Spielen und Toben im Garten; läuft aber auch mal weg
Pflege: kurzes Fell, leicht zu pflegen
Eignung: guter Jagdhund, kinderlieber Familienhund

Labrador Retriever

Eigenschaften: groß, freundlich, intelligent, treu, gehorsam
Bewegung: viel freier Auslauf auf ausgedehnten Wanderungen, apportiert gern
Pflege: kurzes Fell, leicht zu pflegen
Eignung: kinderlieber Familienhund, geeignet zur Ausbildung als Begleiter für hilfsbedürftige Menschen

Cocker Spaniel

Eigenschaften: klein, treu, gehorsam, intelligent und verspielt; kann für einige Stunden am Tag allein in der Wohnung bleiben
Bewegung: recht wenig Auslauf, aber regelmäßig
Pflege: viel Zeit; das lange Fell muss oft gebürstet werden, die empfindlichen Ohren müssen sauber gehalten werden
Eignung: kinderlieber Familienhund

Border Collie

Eigenschaften: mittelgroß, folgsam und treu, sehr intelligent und gelehrig; braucht unbedingt eine Aufgabe, sonst kann er krank werden
Bewegung: sehr aktiv, braucht ständig sehr viel Auslauf im Freien
Pflege: mittellanges Fell, braucht viel Pflege
Eignung: wetterfester Hütehund, sehr gut für den Hundesport geeignet

Kleinpudel

Eigenschaften: klein, intelligent und treu; unproblematisch im Umgang mit anderen Hunden
Bewegung: viel Auslauf und Betätigung
Pflege: viel Zeit für regelmäßiges Bürsten und Kämmen, hohe Kosten für regelmäßiges Scheren
Eignung: guter Wach- und Familienhund

2 Informiere dich nun über die anderen Hunde!

3 Welcher dieser Hunde würde gut zu dir passen? _____
Warum? Nenne zwei Gründe!

_____

_____

Hund gesucht – Mensch gesucht

1 Hier suchen fünf Familien einen Hund.
Wer passt besonders gut zu wem?
Um das rauszukriegen, musst du jetzt einmal ganz genau lesen.
Benutze dazu die Informationen auf diesen beiden Seiten.
Kreuze das passende Tier an.

Frau Müller

wohnt in einem Mehrfamilienhaus, in dem auch andere Mieter Hunde besitzen. Sie ist gerade pensioniert worden und hat vor, viel mit dem Tier spazieren zu gehen. Sie mag sehr gepflegte Hunde. Die Kosten für regelmäßige Besuche in einem Hundesalon kann sie sich leisten.

☐ Border Collie
☐ Kleinpudel

Die Bergers

wohnen in der Vorstadt in einem Haus mit einem großen, eingezäunten Garten. Die Kinder hätten gern einen kleinen, aufgeweckten Hund. Frau Berger ist berufstätig, sie arbeitet in ihrem Büro zu Hause. So ist sie zwar die meiste Zeit des Tages daheim, kann aber nicht viel Zeit mit Hundepflege verbringen.

☐ Beagle
☐ Cocker Spaniel

bitte morgens anrufen: 8612201

Herr Schmidt

lebt auf dem Land in einem Haus mit Garten. Er ist auf einen Rollstuhl angewiesen. Er braucht ein Tier, das ihm auch mal Sachen bringen kann. Mit dem Elektro-Rollstuhl unternimmt Herr Schmidt ausgedehnte Spazierfahrten durch die Feldmark.

☐ Labrador Retriever
☐ Kleinpudel

Familie Scholz

lebt auf einem Bauernhof. Ihr Hund soll auch bei schlechtem Wetter draußen sein mögen und sich auf dem großen Hof frei bewegen können. Der 12-jährige Sohn will die Pflege übernehmen und dem Hund ein paar Tricks beibringen. Vielleicht möchte er später auch einem Hundesportverein beitreten.

☐ Beagle
☐ Border Collie

Bitte anrufen: 23...

Herr Lehmann

lebt zusammen mit seinen Töchtern in einer Wohnung nah am Stadtpark. Die Mädchen wünschen sich einen Spielkameraden. Vormittags sind alle unterwegs, zur Arbeit und zur Schule. Am frühen Nachmittag kommen sie nach Hause. Die Mädchen haben versprochen, das Tier regelmäßig zu kämmen und bürsten.

☐ Labrador Retriever
☐ Cocker Spaniel

entlaufen: Kat...

Die Telefonkette

Anna aus der Klasse 5a ruft bei Till an.
Sie berichtet ihm:

Frau Otto hat mich angerufen. Ich soll die
Telefonkette unserer Klasse in Gang setzen.
Morgen fällt Sport aus, weil Herr Meier krank
ist. Dafür haben wir in der 3. und 4. Stunde
Kunst bei Frau Otto. Sie will mit uns zum
Marktplatz gehen. Wir sollen ein Fachwerkhaus
zeichnen. Also bring deinen Block, ein
Klemmbrett und Buntstifte mit. Das Sportzeug
kannst du natürlich zu Hause lassen.

Till ruft bei Stefan an. Der ist aber nicht da.
Er kommt erst am Abend wieder.
Seine kleine Schwester Alissa ist am Telefon.
Till erklärt ihr:

Dies ist die Telefonkette der Klasse 5a. Anna hat
gesagt, dass morgen Sport ausfällt, weil Herr
Meier krank ist. Dafür ist in der 3. und 4. Stunde
Kunst bei Frau Otto. Sie will mit der Klasse in
die Stadt gehen. Sag Stefan, er soll seinen Block,
Buntstifte und ein Radiergummi mitbringen. Die
Turnschuhe kann er zu Hause lassen.

1 Lies den Text. Schreibe dann hier auf, was dir aufgefallen ist.

_____

_____

2 Lies jetzt noch einmal ganz genau,
was **Anna** gesagt hat. Was sollen die Kinder
am nächsten Tag mitbringen?
Unterstreiche die Sachen.

3 Lies nun, was **Till** gesagt hat. Was sollen die Kinder
am nächsten Tag mitbringen?
Vergleiche mit Annas Angaben und unterstreiche
die Sachen, die Till richtig genannt hat.

4 Schreibe auf:

Welchen Gegenstand hat Till ganz vergessen? _____

Von welchem Gegenstand hat Anna aber gar nichts gesagt? _____

Welche Information ist bei Till ziemlich ungenau? _____

_____

5 Lies nun, was die kleine Alissa
ihrem großen Bruder Stefan am Abend erzählt:

Alissa sagt zu Stefan:
Der Till hat angerufen. Er hat gesagt, dass die Anna
angerufen hat. Morgen bastelt ihr im Kunstunterricht
eine Kette. Du sollst Buntstifte mitbringen. Wenn ihr
in die Stadt geht, sollst du deine Turnschuhe anziehen.

Stefan muss lachen, denn er versteht nur noch Bahnhof.
Dann ruft er bei Anna an.

6 Alissa ist noch klein, deshalb
hat sie vieles falsch verstanden,
aber nicht alles.
Unterstreiche im Text, was Alissa
richtig verstanden hat.

Ein schwieriger Einkauf

1. Teil

Maike ist allein zu Hause. Das Telefon klingelt. Es ist Opa. Er möchte, dass Maikes Mutter wie in jeder Woche einige Lebensmittel für ihn auf dem Markt einkauft. Deshalb
5 sagt er zu Maike: „Bitte richte deiner Mutter aus, dass ich zwei Kilo Kartoffeln brauche. Wie immer soll sie die Sorte Leyla nehmen, die ist so schön gelb. Außerdem soll sie mir ein Bund Möhren, sechs braune Eier und drei
10 Dosen Landleberwurst mitbringen. Ach ja, ein Glas Heideblütenhonig hätte ich auch gern. Kannst du dir die fünf Sachen merken? Ich hole sie dann morgen bei euch ab." „Na klar", versichert Maike, „ich schreibe es gleich auf."

1 Lies den 1. Teil des Textes. Decke dann den Text ab
und zähle auf, was du dir von den Lebensmitteln gemerkt hast.
Wie viele Sachen sind das?

2. Teil

Kaum hat Maike aufgelegt, klingelt das Telefon schon wieder. Diesmal ist Patricia dran. Die beiden Freundinnen haben sich viel zu erzählen. Erst später fällt Maike wieder Opas Einkaufsliste ein. Maike erinnert sich an die Kartoffeln. Auch ein Glas Honig wollte der Opa haben, das weiß Maike noch. Der Honig hatte so einen langen Namen. Wie hieß der bloß? Schließlich steht auf ihrem Zettel:

Das sind vier Sachen, aber Opa hatte „fünf" gesagt. Da ist Maike ganz sicher. Denn Zahlen kann sie sich besonders gut merken. Und rasch schreibt sie auf den Zettel:

1) zwei Kilo Kartoffeln
2) ein Glas Heideblütenhonig
3) sechs weiße Eier
4) drei Dosen Landleberwurst

5) ein Bund Möhren

2 Vergleiche Maikes Einkaufszettel mit Opas Bestellung.
– Streiche auf dem Zettel an, was Maike **nicht** genau behalten hat.
– Stimmt es, dass Maike ein gutes Gedächtnis für Zahlen hat?

3 Hier sind die Lebensmittel, die die Mutter eingekauft hat.
Vergleiche sie mit Maikes Einkaufszettel. Bei zwei Sachen
hat die Mutter nicht genau gelesen. Schreibe sie auf:

_____

_____

4 Als der Opa zum Abholen kommt, wundert er sich.
Nur zwei Dinge sind genau so, wie er es wollte. Welche?
Kreuze die richtigen Sachen auf dem Bild an.

5 Woher wusste die Mutter eigentlich,
welche Kartoffelsorte sie einkaufen sollte?
Markiere die Stelle im 1. Teil des Textes.

Vom Hörensagen

1) Nina trifft Tom auf dem Schulhof. Sie erzählt, was sie erlebt hat.
Gestern waren Mara und ich in der Eissporthalle. Ich habe meine
neuen Schlittschuhe ausprobiert. Der Rothaarige aus der 6c und seine
Kumpel waren auch dabei. Wir haben ganz enge Achten geübt. Dabei
bin ich hingefallen, habe mir aber nicht wehgetan.

2) Tom trifft Britt. Er erzählt:
Nina und Mara waren gestern in der Eissporthalle. Nina hatte neue
Schlittschuhe. Sie haben ganz enge Achten geübt. Mara ist hingefallen,
hat sich aber nicht wehgetan. Der Rothaarige aus der 6c und seine
Kumpel sind auch dabei gewesen.

3) Britt trifft Sophia. Britt erzählt:
Der Rothaarige aus der 6d und seine Kumpel waren gestern Schlittschuh laufen.
Die Nina war dabei und Mara war auch da. Sie hat ganz enge Achten gefahren.
Dann ist sie hingefallen und hat sich wehgetan.

4) Sophia trifft Filiz. Sophia erzählt:
Gestern waren Nina, Mara und der Rothaarige aus der 6d eislaufen.
Sie haben ganz enge Achten geübt. Dabei hat der Rothaarige die
Mara umgefahren. Sie ist gestürzt und hat sich böse wehgetan.

5) Filiz trifft Robert. Sie erzählt.
Der Rothaarige aus der 6b war gestern Schlittschuh laufen. Dabei hat er die
Mara umgefahren. Die Mara hat sich verletzt. Ein Arzt musste kommen.

6) Robert trifft Alex. Robert erzählt.
Die Mara hat sich beim Eislaufen schlimm verletzt. Der Rothaarige
aus der 6b hat sie umgefahren. Sie ist jetzt im Krankenhaus.

1 Lies die Aussagen der Kinder erst einmal still.

2 Notiere hier, was dir aufgefallen ist.

_____

_____

3 Markiere nun farbig, was sich von Aussage zu Aussage verändert hat.

4 Wo stimmt gar nichts mehr? Vergleiche mit der ersten Aussage.

5 Stell dir vor, am Ende trifft Alex die Mara.
Was haben die beiden sich wohl zu sagen?

_____

_____

Wellensittiche

1 Lies den Text orientierend, um dir rasch einen Überblick
über den Inhalt zu verschaffen.

Die ersten lebenden Wellensittiche wurden 1840 nach England eingeführt und dort bald gezüchtet.

5 Schon nach wenigen Jahrzehnten gab es neben den wildfarbigen grünen Wellensittichen gelb-, blaugrün- und blaugefiederte Exemplare. Inzwischen haben Liebhaber zimtfarbene, graue, gescheckte, weiße und violette Wellensittiche herausgezüchtet.

10 Die Nasenwurzel des erwachsenen Männchens ist dunkelblau gefärbt, während die der Henne grau bis graubraun aussieht. Die Vögel sind mit fünf bis sechs Wochen geschlechtsreif, sollten aber frühestens mit zwölf bis acht-

15 zehn Monaten zur Zucht verwendet werden.

Auch in der Gefangenschaft brütet der Wellensittich nur in Höhlen, der entsprechende Nistkasten hängt hier außen am Käfig. Die fünf bis neun weißen Eier legt die Henne auf

20 den blanken Boden der Nisthöhle und erbrütet sie in siebzehn bis achtzehn Tagen. Die Henne verlässt das Gelege nur, um sich zu entleeren. Gefüttert wird sie die ganze Zeit vom Hahn. Die Kleinen schlüpfen nackt, taub

25 und blind aus den Eiern.

Nach etwa dreißig Tagen fliegen sie aus. Sie sind sehr scheu und verkriechen sich gern in dunklen Ecken.

Ähnlich verhalten sich auch die im Handel

30 angebotenen etwa fünf bis sechs Wochen alten Jungvögel. In dieser Zeit sind sie noch leicht zähmbar. Der gewissenhafte Händler verkauft nur Wellensittiche, die einen Ring tragen. Damit besteht Altersgarantie, und der

35 Züchter kann jederzeit ausfindig gemacht werden.

2 Jetzt kannst du dich selbst überprüfen, ob du nach dem
orientierenden Lesen einen Überblick über den Inhalt des Textes hast.
Worüber informiert der Text bzw. worüber nicht?
– Kreuze in der Tabelle jeweils **ja** oder **nein** an.
– Unterstreiche auch die entsprechenden Stellen im Text.

Informiert der Text über	ja	nein
1) den Zeitpunkt der Einführung lebender Wellensittiche nach Europa?	☐	☐
2) die Spannbreite der Flügel der Wellensittiche?	☐	☐
3) das bei Wellensittichen herausgezüchtete Farbgefieder?	☐	☐
4) den Zeitpunkt der Geschlechtsreife bei Wellensittichen?	☐	☐
5) den Preis beim Kauf eines Wellensittichs beim Zoohändler?	☐	☐
6) den Vorgang des Brütens?	☐	☐
7) den Ort des Brütens?	☐	☐
8) die häufigsten Krankheiten von Wellensittichen?	☐	☐
9) die tägliche Pflege von gezähmten Wellensittichen?	☐	☐

Ein quakender Kletterkünstler

1 Lies den folgenden Text erst einmal durch.

Der Laubfrosch ist der kleinste in Mitteleuropa heimische Frosch. Er wird nur fünf Zentimeter lang. Am auffälligsten ist der dunkle Streifen, der sich von der Augengegend über die Flanken nach hinten zieht und der die grüne, braune oder gelbliche Oberseite von der hellen Unterseite trennt. Die Tiere können ihre Farbe rasch dem Untergrund anpassen. Seine Haut auf der Körperseite ist glatt, an der Bauchseite mit porigen Warzen versehen. Männchen und Weibchen sind gleich groß.

Im April/Mai verlässt der Laubfrosch sein Winterquartier in der Erde und wandert zur Laichablage ans Wasser. Das Männchen besitzt eine innere Schallblase, die bei Balzrufen zu einem ballonförmigen Gebilde anschwillt. Nur die männlichen Tiere rufen. Der Ruf ist ein lauter, metallisch klingender „Gesang", der wie „äpp-äpp-äpp" klingt und zur Laichzeit von April bis Anfang Juni zu hören ist. Sie regen sich gegenseitig zum Rufen an, sodass regelrechte Froschkonzerte nach Einbruch der Dämmerung entstehen.

Der Laubfrosch lebt in Sümpfen, feuchten Wiesen, Buschland und an besonnten Gewässern, in denen er laicht. Unter den Fröschen ist er der Kletterkünstler, der viel in Büschen und auf Bäumen herumturnt. Er hat nämlich an jeder Zehenspitze eine kleine Haftscheibe, die es ihm ermöglicht, an Blättern, glatter Rinde oder sogar Glasscheiben hochzuklettern. Tagsüber sonnt er sich gern, nachts geht er auf die Jagd nach Insekten.

Früher wurden Laubfrösche in Einmachgläsern mit Leiterchen gehalten. Sie haben zu Unrecht einen Ruf als Wetterpropheten. Heute stehen sie unter strengem Schutz und dürfen nicht gefangen und gehalten werden.

2 Jeweils eine der folgenden Aussagen trifft zu.
Markiere die Aussage im Text und kreuze dann an.

Aussehen
a) ☐ An der Unterseite hat der Laubfrosch dunkle Streifen.
b) ☐ Die Unterseite des Frosches ist grün, braun oder gelblich.
c) ☐ Der Laubfrosch besitzt eine helle Unterseite.

Kletterkünste
a) ☐ Der Laubfrosch kann so gut klettern, weil er Haftstreifen an den Zehenspitzen besitzt.
b) ☐ Der Laubfrosch ist ein Kletterkünstler, weil er an einer Zehenspitze eine Haftscheibe besitzt.
c) ☐ An jeder Zehenspitze hat der Laubfrosch eine kleine Haftscheibe, die ihm beim Klettern hilft.

Balzruf
a) ☐ Den Balzruf des Laubfrosches kann man im März hören.
b) ☐ Im Mai, während der Laichzeit, ist der Balzruf des Laubfrosches zu hören.
c) ☐ Die Balzrufe der männlichen Laubfrösche sind besonders im August zu hören.

Märchen-Quiz

In der letzten Stunde vor den Weihnachtsferien veranstaltete die Klasse 5a
ein Märchen-Quiz. Dazu wurden Ausschnitte aus drei Märchen vorgelesen,
die von drei Schülerinnen und Schülern erkannt werden sollten.
Natürlich gab es auch etwas zu gewinnen.

1 Wenn du den kurzen Text unten aufmerksam liest,
dann kannst du bestimmt auch die beiden Aufgaben lösen:
– Wer von den drei Schülern erkannte welches Märchen?
– Welchen Preis erhielten sie jeweils?

2 Schreibe die Lösung in die Tabelle unten.

Julia erkannte schon nach dem Vorlesen der ersten drei Zeilen,
dass es sich um das Märchen „Der verwunschene Frosch" handelt.

Max gewann ein Buch mit russischen Volksmärchen.

Wer das Märchen „Drei Brüder und drei Prinzessinnen" erkannte,
gewann eine CD mit Märchenliedern.

Tim hat sich über seinen Gewinn sehr gefreut.

Während des Quiz' wurde auch etwas aus dem Märchen
„Die sieben wilden Schwäne" vorgelesen.

Schließlich wurde auch eine Kassette mit Märchen als Preis vergeben.

Name	Märchen	Preis
Julia	erkannte _____	und gewann _____
	_____	_____
Max	erkannte _____	und gewann _____
	_____	_____
Tim	erkannte _____	und gewann _____
	_____	_____

Einen Zungenbrecher lesen

Der Cottbusser Postkutscher

Was ich euch hier erzähle, ist sehr lange her. Es geschah in der Zeit, als
es noch Postkutschen gab – mit vier Pferden und einem richtigen Postkutscher in blau-gelber Uniform. Die Postkutschen brachten die Post,
und man konnte mit ihnen verreisen. Es ging über Stock und Stein, und
5 man wurde richtig schön durchgeschüttelt. Der Postkutscher saß oben
auf dem Postkutschenbock und lenkte die Pferde. Die Reisenden saßen
in der Kutsche. Und hinten an der Postkutsche war ein Postkutschkasten, darin lag die Post.

   Berühmt geworden ist damals vor allem ein Postkutscher aus Cott-
10 bus. Der hatte eine der schönsten Postkutschen, die es damals gab.
Deswegen achtete er auch darauf, dass sein Postkutschkasten immer
schön geputzt war. Und wenn der Cottbusser Postkutscher seinen
Postkutschkasten putzte, dann sagten die Leute:

Seht!
15 *Der Cottbusser Postkutscher*
putzt den Cottbusser Postkutschkasten!

   So ist es zu dem berühmten Zungenbrecher gekommen, den damals
alle Kinder auswendig hersagen konnten.
   Der Nachfolger des Cottbusser Postkutschers soll aber nicht mehr so
20 ordentlich gewesen sein. Er war ein wurstiger Postkutscher, der
pfuschte. Daher nannte man ihn auch bald, im Gegensatz zu seinem
berühmten Vorgänger, den wurstigen, pfuschenden Postkutscher. Und
der erboste Boss des Cottbusser Postkutschers soll sogar einmal wü-
tend gesagt haben:

25 *Wie dieser pfuschende Cottbusser Postkutscher*
den kostbaren Cottbusser Postkutschkasten putzt,
kotzt mich an!

   Doch dieser Zungenbrecher hat sich nicht durchgesetzt. Die Menschen dachten viel lieber an ihren alten Cottbusser Postkutscher, der
30 seinen kostbaren Cottbusser Postkutschkasten geputzt hatte, – und
zwar mit viel Liebe!

Einen Zungenbrecher richtig zu lesen, das fällt jedem Menschen schwer –
Kindern genauso wie Erwachsenen. Das muss man richtig üben!
Das Schönste aber ist, dass man sich verlesen darf.
Hier lacht man nämlich über Lesefehler. Und das macht auch Spaß!

1 Und wie kannst du üben? –
Lies dir am besten den Text erst ganz langsam vor.
Du musst dabei deine eigene Stimme hören!
Lies ihn dann ein zweites und ein drittes Mal –
und immer schneller, bis du ihn kannst.
Und wenn du dann noch Fehler machst:
Keine Sorge! Man nimmt es dir bestimmt nicht übel.

Historische Person gesucht

1 Im folgenden Text sind vier Buchstaben durch Zeichen ersetzt worden. Versuche einmal, den Text trotzdem zu lesen und zu verstehen.

2 Ordne die vier Buchstaben den Zeichen in der Legende unten zu. Vielleicht fängst du beim Eintragen der Buchstaben in die Zeichen mit dem **E** an, das kommt in den Wörtern sehr häufig vor.

○rch□m◇d◇s w○r ◇□n
gr□◇ch□scher G◇l◇hrt◇r,
d◇r für s◇□n◇ t◇chn□sch◇n
◇rf□nd△ng◇n b◇k○nnt w○r.
S□▱ ◇ntw□ck◇lt◇ ◇r z. B.
W△rfm○sch□n◇n △nd Krän◇, mit d◇n◇n
d□◇ f◇□ndl□ch◇n röm□sch◇n
G○l◇◇r◇n ○△f Kl□pp◇n g◇z□g◇n
△nd d○mit ○△ß◇r G◇f◇cht
g◇s◇tzt w◇rd○n k□nnt◇n. ◇r
s□ll ○△ch d□◇ röm□sch◇ Fl□tt◇
v□r Syr○k△s m□t Br○nnsp□◇g◇ln □n
Br○nd g◇s◇tzt h○b◇n. D○s w○r d○m○ls
○b◇r t◇chn□sch g○r n□cht mögl□ch.

○ =   ◇ =   □ =   ▱ =   △ =

3 Von welcher historischen Person ist im Text die Rede? _____.

4 Wodurch ist diese Person so bekannt geworden? _____.

5 Welche Erfindung wird ihr fälschlicherweise zugeschrieben? _____.

Witze

1 Ein Wort passt überhaupt nicht in den Witz.
Ersetze es durch das passende.
Dann kannst du über den Witz lachen.

Der Lehrer erklärt im Unterricht, dass der Mond so groß sei,
dass viele Millionen Menschen dort wohnen könnten.
Sebastian musste daraufhin lachen. Auf die Frage des Lehrers,
warum er denn darüber lache, antwortete Sebastian: „Ich stelle mir
nur das Gedränge vor, wenn gerade Vollmond ist."

_____

2 Ein Wort fehlt im folgenden Witz.
Schreibe das passende Wort in die Lücke.
Dann stimmt auch der Witz.

Mitten auf dem Marktplatz. Fragt ein Fremder einen Einheimischen:
„Wie komme ich am schnellsten zum Bahnhof?"
„Blöde Frage", antwortete der Angesprochene,

_____ Sie einfach, so schnell wie Sie können!"

3 Auch hier fehlt ein Wort im Witz.
Die Stelle, an die es im Witz hingehört, musst du selbst finden.

„Wenn Ihr Licht nicht funktioniert, müssen Sie absteigen",
belehrt ein Polizist den Radfahrer. „Das habe ich ja schon probiert",
antwortete der, „aber es hat trotzdem geklappt."

_____

4 Ergänze den letzten Satz so, dass der Witz eine Pointe bekommt.

Ein Kreuzfahrtschiff fährt an einer kleinen Insel vorbei.
Ein Mann mit einem Bart, der bis zu den Zehen reicht, und
mit völlig zerfetzter Kleidung auf dem Leib hüpft dort aufgeregt
herum und wedelt wie wild mit den Armen. Der Kapitän des
Schiffes lächelt: „Der Kerl ist wirklich nett! Jedes Mal, wenn

_____

_____

_____

_____

Fahrradtour

1 In dem Text sind die **Zahlen** von eins bis neun versteckt. Die sollst du finden.
Natürlich musst du jede Zeile des Textes konzentriert lesen,
denn manchmal sind die Wörter in einem anderen Wort verborgen.
Manchmal verstecken sie sich über Wortzwischenräume
und auch über Satzzeichen hinweg.
– Markiere gleich die Zahlwörter farbig, die du beim ersten Lesen findest.
– Schreibe die gefundenen Zahlen an den Rand.

Lieber Bernd,

Reisen macht wirklich Spaß, vor allem wenn man
mit dem Fahrrad unterwegs ist. Zuletzt war ich in
Einsiedel, von hier schicke ich dir herzliche Grüße.
Die Fahrt hierher war sehr anstrengend,
für den letzten steilen Anstieg benötigten wir
über fünfzig Minuten. Gert war fast am Verzweifeln,
oben war er völlig ausgepumpt. Dass es so an die
Kräfte geht, hätten wir alle nicht geglaubt.
Du weißt ja, mein Fahrrad ist nagelneu, nur schneller
als die anderen war ich deshalb auch nicht. Im
Gegenteil, ich hing meistens am Ende der Gruppe,
sodass mich Vroni manchmal sogar ausgelacht hat.
Sie benahm sich in letzter Zeit sowieso ein bisschen
merkwürdig, aber das war besonders gemein.
Auf unserer Fahrradtour sind wir durch viele Städte
gefahren. Da gab es viel zu sehen, besonders
interessant waren vor allem die alten Stadtviertel.
Nun geht die Fahrt zu Ende, eigentlich schade,
aber ich freue mich auf ein Wiedersehen.

Dein Jens Echsner

2 Suche jetzt der Reihe nach die Zahlen, die dir noch fehlen.

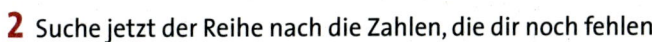

Kleiner Wettkampf im Wörtersuchen

1 Das folgende Spiel könnt ihr zu zweit spielen. Es geht so:
– Ein Kind liest einen Satz aus der linken Spalte vor.
– Das andere Kind sucht in der rechten Spalte möglichst schnell
  das Wort, das in dem Satz vorkam.
– Wenn es das Wort gefunden hat, ruft es die Zahl,
  die vor dem Wort steht.
  Also so:

> *Auf dem Katzenbett sitzt die Katze.*

> *Sieben!!*

Katzengeschichte

1) Auf dem Katzenbett sitzt die Katze.	1) Tatzen
2) Sie liegt mitten auf der Matratze.	2) Schatz
3) Das ist der Platz, auf dem sie am liebsten liegt.	3) Rabatz
4) Mit ihren Tatzen kratzt sie an den Kissen.	4) Federn
5) Manchmal fliegen dann die Federn herum.	5) Gekratze
6) „Unsere Mieze ist ein Schatz", sagt Laura.	6) Glatze
7) Doch der Opa macht Rabatz und schimpft:	7) Katze
8) „Ich finde das Gekratze gar nicht gut!	8) Platz
9) Ein Glück, dass sie nicht auf meiner Glatze liegt!"	9) Matratze

2 Jetzt macht es einmal umgekehrt. Das ist viel schwieriger! Es geht so:
– Ein Kind liest ein Wort aus der rechten Spalte vor.
– Das andere Kind sucht in der linken Spalte möglichst schnell den Satz,
  in dem das Wort vorkommt.
– Es ruft die Zahl, die vor dem Satz steht, und liest den Satz vor.

> *Platz*

> *Drei!*
> *Das ist der Platz, auf dem sie*
> *am liebsten liegt.*

Dieses Leseheft gehört:

_____

Das habe ich gut gelernt:

_____
_____
_____
_____
_____
_____
_____

Hierbei brauche ich noch Übung:

_____
_____
_____
_____
_____
_____
_____

1 Welche Geschichten haben dir am besten gefallen? Kreuze sie an!

☐ Die Mondfänger und Stangenstrecker von Kiebingen

☐ Das ganz besondere Rührei

☐ Aufregende Nacht in Zelten

☐ Vom Hörensagen

☐ Robinson Crusoe

☐ Das Dschungelbuch

☐ Der Cottbusser Postkutscher

2 Wenn dir noch andere Seiten gut gefallen haben, schreibe ihre Überschriften hier auf:

_____
_____
_____
_____
_____
_____

Lösungen

Seite 4:
Du hättest natürlich keine der Arbeitsanweisungen durchführen dürfen, wenn du die Anweisung 2 genau eingehalten hättest!

Seite 14:
Aufgabe 2: Es handelt sich hier um ein Gedicht über ein Gespenst oder ein Gruselgedicht. Es hat die Überschrift „Gruselett":
Aufgabe 3: gaustert könnte soviel wie geistert bedeuten; Wiruwaruwolz vielleicht so etwas wie irrer Wald (Holz); gutzt so etwas wie glotzt; Flügelflagel so etwas wie Flügeldrachen, Gespenst mit Flügeln.
Aufgabe 4: Das Ganze spielt sich wohl am ehesten nachts im Wald ab oder in einem dunklen Keller.

Seite 15:
Aufgabe 1:

Der Kartoffelkäfer

Der Kartoffelkäfer, der
surrt im Frühling fröhlich her.
Denn hier wächst, so weit man schaut,
Kartoffelkraut, Kartoffelkraut.

An einem frischen Blatte dann
fängt er gleich zu knabbern an.
Doch statt nur daran zu nippen,
frisst er's kahl bis auf die Rippen.

Und nun geht's erst richtig los.
Der Käfer bleibt nicht kinderlos.
Kinder kommen, Kinder wie
Sand am Meer. Jetzt fressen sie.

Jetzt fressen sie, wohin man schaut,
Kartoffelkraut, Kartoffelkraut.
Die Stauden, erst so herrlich grün,
sie werden kahl, sie schwinden hin.

Der Bauer schreit: „Was muss ich sehn?
Gleich wird's euch an den Kragen gehen!
Wenn ihr so weitermacht, wie sollen
im Boden wachsen dicke Knollen?"

Seite 17:
Aufgabe 2: Schalokkis: Spaghetti (fadendünn); Remoten: Tomaten; Jucke: Soße; Remotenjucke: Tomatensoße

Seite 18:
Aufgabe 5: b) Marie hat Recht.
Aufgabe 6: Richtig sind b und c.

Seite 20:
Aufgabe 1/2: Sekunde, Computer, addiert, Zahlen, erstaunliche, Zeit, gebraucht, Sekunden, Arbeitstage, Rechnen, mühsame

Seite 21:
Aufgabe 1: A hat Paul gesagt; B hat Sven gesagt.
Aufgabe 3: A hat Kira gesagt; B hat Jana gesagt.

Seite 24:
Aufgabe 3: Die drei Stellen sind: Es waren nicht 250 Schüler, sondern nur 231; Die Schüler waren auf dem Bahnhof ganz ruhig und nicht quirlig; Der Himmel war bewölkt, es war keine strahlende Sonne.

Seite 25:
Aufgabe 2: Lena fehlt der dunkelbraune Buntstift.
Aufgabe 3: Jakob holt das rote Ahornblatt wieder aus dem Papierkorb.
Aufgabe 4: Karsten hat unrecht: Nur Lena hat ein grünes Birkenblatt gemalt.

Seite 26:
Aufgabe 2: Die Arme des Riesenkraken heißen Tentakeln, und die der Seewespe heißen auch Tentakeln. Die Kraken besitzen ein hoch entwickeltes Gehirn. Der Riesenkrake gehört zur Familie der Octopusarten, die Seewespe gehört zu der Familie der Würfelquallen.
Aufgabe 3: a) A + B; b) A; c) A + B

Seite 27:
Aufgabe 2: Die Überschriften gehören so zu den Absätzen: a) zu 3; b) zu 2; c) zu 1; d) gehört zu keinem Absatz, denn Motte konnte nicht auftreten; e) zu 4; und zu 5 könnte man die Überschrift „Der Clown von Roncalli" oder „Eine gemeinsame Tournee" formulieren.

Seite 28:
Text 1: Zeilen 1, 2, 3, 4, 8, 9, 12, 13, 14, 17
Text 2: Zeilen 5, 6, 7, 10, 11, 15, 16, 18, 19

Seite 29:
Aufgabe 2: Zeile 1 (es ist Nacht, nicht Morgen);
Zeile 4 (er rudert nicht); Zeile 7 (es ist ein Floß,
kein Ruderboot); Zeile 8 (er hat mehr als zwei
Gewehre); Zeile 11 (er hat mehr als einen Säbel);
Zeile 13 (er hat mehr als vier Pistolen); Zeile 18
(die Kisten können umfallen); Zeile 20 (ein Fass fiel
ins Wasser, keine Kiste); Zeile 24 (der Kater ist auf
dem Floß)

Seite 30:
Aufgabe 1: Samstag, kurz vor 14 Uhr.
Aufgabe 2: Er fährt los um 13.00 Uhr: Er kommt an
um 13.52 Uhr. (Das steht in der Spalte „Täglich
außer Sonntag".)

Seite 33:
A Kleinpudel, B Beagle, C Labrador Retriever,
D Border Collie, E Cocker Spaniel

Seite 35:
Aufgabe 2: sechs weiße Eier;
ja, denn sie hat alle Zahlenangaben richtig behalten
Aufgabe 3: Lindenblütenhonig, Heideleberwurst
Aufgabe 4: Kartoffeln/Möhren
Aufgabe 5: Er nimmt immer die Sorte Leyla.

Seite 36:
Aufgabe 4: Bei 6) stimmt nichts mehr mit der
ersten Aussage überein.

Seite 37:
Aufgabe 2: 1), 3), 4), 6), 7): ja; 2), 5), 8), 9): nein

Seite 38:
Aufgabe 2: Aussehen: c; Kletterkünste: c; Balzruf: b

Seite 39:
Aufgabe 1: Julia erkannte: Der verwunschene
Frosch und gewann: Märchenkassette.
Max erkannte: Die sieben wilden Schwäne und
gewann: Buch mit russischen Volksmärchen.
Tim erkannte: Drei Brüder und drei Prinzessinnen
und gewann: CD mit Märchenliedern.

Seite 41:
Aufgabe 1: Archimedes war ein griechischer
Gelehrter, der für seine technischen Erfindungen
bekannt war. So entwickelte er z. B. Wurfmaschi-
nen und Kräne, mit denen die feindlichen römi-
schen Galeeren auf Klippen gezogen und damit
außer Gefecht gesetzt werden konnten. Er soll auch
die römische Flotte vor Syrakus mit Brennspiegeln
in Brand gesetzt haben. Das war damals aber tech-
nisch gar nicht möglich.
○: A, ◇: E, □: I, ▱: O, △: U

Seite 42:
Aufgabe 1: „Halbmond" statt „Vollmond"
Aufgabe 2: „rennen"
Aufgabe 3: „Wenn Ihr Licht nicht funktioniert,
müssen Sie absteigen", belehrt ein Polizist den
Radfahrer. „Das habe ich ja schon probiert", ant-
wortet der, „aber es hat trotzdem **nicht** geklappt."
Aufgabe 4: Jedes Mal, wenn **wir hier vorbeikom-
men, freut er sich wie ein Schneekönig**.

Seite 43:
Aufgabe 1: Lieber Bern**d**, **Rei**sen macht wirklich
Spaß, vor allem wenn man mit dem Fahrrad unterwegs ist. Zuletzt war ich in **Eins**iedel, von hier
schicke ich dir herzliche Grüße. Die Fahrt hierher
war sehr anstrengend, für den letzten steilen Anstieg benötigten wir über **fünf**zig Minuten. Gert
war fast am Ver**zwei**feln, oben war er völlig ausgepumpt. Dass es so an die Kräfte geht, hätten wir
alle nicht geglaubt. Du weißt ja, mein Fahrrad ist
nagel**neu**, **n**ur schneller als die anderen war ich
deshalb auch nicht. Im Gegenteil, ich hing meistens
am Ende der Gruppe, sodass mich Vroni manchmal
sogar ausgel**ach**t hat. **Sie ben**ahm sich in letzter
Zeit sowieso ein bisschen merkwürdig, aber das
war besonders gemein. Auf unserer Fahrradtour
sind wir durch viele Städte gefahren. Da gab es viel
zu sehen, besonders interessant waren vor allem
die alten Stadt**vier**tel. Nun geht die Fahrt zu Ende,
eigentlich schade, aber ich freue mich auf ein
Wiedersehen. Dein Jens **Echs**ner

Wörterliste

Akrobatik: Die Übungen eines Akrobaten (eines Turners im Zirkus)

Artist: Turnkünstler, Geschicklichkeitskünstler im Zirkus

Balzruf: Lockruf während der Paarungszeit

Biwak: behelfsmäßiges Nachtlager im Freien

biwakieren: im Freien übernachten

Dressur: eingeübte Fertigkeiten eines Tieres, das bestimmte Kunststücke vollbringt

Exemplar: ein einzelnes Stück oder ein einzelnes Wesen aus einer Reihe von gleichartigen Gegenständen oder Wesen

faszinieren: eine fesselnde Wirkung auf jemanden ausüben

Gartenkolonie: Gruppe von Kleingärten, oft mit Gartenhäusern, meist einem Verein angehörend

gesponsert: *engl.*, mit Geld unterstützt, gespendet, meist zum Zwecke der Werbung

jonglieren: Geschicklichkeitsübungen durchführen

Manege: runde Fläche in einem Zirkus oder einer Reitschule

Misserfolg: schlechter Ausgang einer Tätigkeit, ohne Erfolg

Pantomime: Darstellung oder Nachahmung von Dingen nur mit Hilfe des Körpers – ohne Worte

Sonnenwendfeuer: Feuer, das am längsten Tag des Jahres, oft am 24. Juni, im Freien angezündet wird

Stockbrot: Teig, der um einen Stock (Zweig) gewickelt und über offenem Feuer geröstet wird

Tournee: Vorführungsreise eines Künstlers

voltigieren: Reiten mit Turnübungen; Luft- und Kunstsprünge auf trabenden oder galoppierenden Pferden

Quellen

13 Die Mondfänger und Stangenstrecker von Kiebingen nach: Kurt Nagel, Das Sagenbuch aus dem Schwabenland, Coppenrath, Münster 1985

14 Morgenstern, Christian Der Flügelflagel gaustert aus: Gesammelte Werke in vier Bänden, hrsg. von Clemens Heselhaus – Lizenzausg. – Weyarn: Seehamer, 1998

15 Guggenmos, Josef Der Kartoffelkäfer aus: Was denkt die Maus am Donnerstag?, Georg Bitter Verlag, Recklinghausen 1967

23 Bröger, Achim Das Abenteuer beginnt aus: Flammen im Kopf, Thienemann, Stuttgart, Wien 2002

31 Kästner, Erich Die Konferenz der Tiere aus: Die Konferenz der Tiere, Dressler Verlag, Hamburg 1992